L'ÉTAT ISLAMIQUE EN 100 QUESTIONS

MATHIEU GUIDÈRE

L'ÉTAT ISLAMIQUE EN 100 QUESTIONS

TALLANDIER

Collection « en 100 questions »

2, rue Rotrou – 75006 Paris
www.tallandier.com

À la mémoire
des victimes des attentats de 2015.

Le territoire sous contrôle de l'EI (2015)

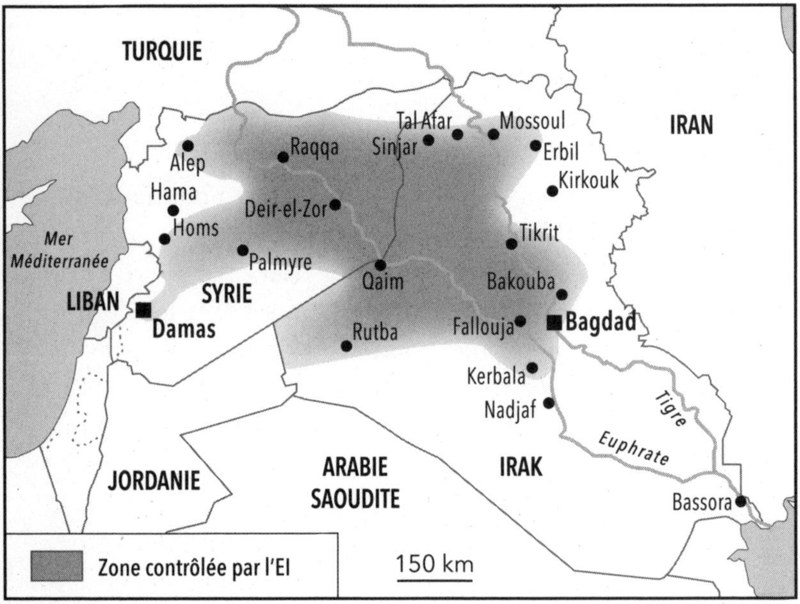

Introduction

Lorsque les Occidentaux découvrent l'organisation de l'« État islamique » sous l'acronyme « Daech » à l'été 2014, c'est la stupeur et l'effroi : des décapitations récurrentes, des exécutions massives, des enlèvements et des viols de femmes réduites en esclavage, des enfants martyrisés, des colonnes de réfugiés fuyant les exactions, des dizaines de cadavres alignés à chaque fois… la barbarie était en marche.

Puis, en 2015, l'État islamique (EI) frappe à Paris d'abord entre le 7 et le 9 janvier, puis entre le 13 et le 15 novembre, de manière aussi terrifiante que spectaculaire. Depuis la décision d'intervenir militairement aux côtés de la coalition internationale contre l'organisation, prise à l'automne 2014, on sentait bien monter la menace, mais l'on ne s'attendait pas à ce qu'elle se traduise par des assassinats de masse au cœur de la capitale, avec un commando de kamikazes aussi déterminés.

Avec le départ de centaines de Français pour rejoindre les rangs de l'EI, la menace terroriste est plus que jamais d'actualité, mais l'organisation qui en est l'instigatrice demeure largement méconnue en dehors des cercles spécialisés. L'on sait peu de choses de son idéologie, de son développement, de sa structuration et de son agenda politique. Pourtant, elle a connu un essor si fulgurant qu'elle a totalement éclipsé l'ennemi mondial d'hier, Al-Qaïda. Jamais il n'y a eu autant de ralliements d'individus et de groupes en si peu de temps.

Pour comprendre ces bouleversements, il est important de rappeler, d'une part, l'ancrage territorial des forces en présence et d'analyser, d'autre part, les référents historiques concernant la question du Califat qui nourrit désormais une guerre larvée à l'intérieur de l'islam entre sunnites et chiites, en particulier au Proche-Orient et dans la péninsule Arabique.

L'EI promeut et bénéficie d'une guerre interconfessionnelle qui fait désormais rage dans le monde arabe et musulman. À l'instar de ce qui s'est passé en Europe au XVIe siècle entre catholiques et protestants, cette guerre de religion oppose aujourd'hui, avant tout, les musulmans sunnites aux musulmans chiites. Même si le schisme islamique est plus ancien (661) que le schisme chrétien (1054), les relations entre les deux grandes branches de l'islam sont loin d'être pacifiées et les conséquences de ce conflit millénaire sont toujours aussi dramatiques et meurtrières.

Partout, la « guerre par procuration » que mènent les puissances régionales (Turquie, Iran, Arabie) en Irak, en Syrie et au Yémen a déjà fait des centaines de milliers de morts parmi les populations civiles musulmanes. En raison de l'interventionnisme occidental, cette guerre interne à l'islam est occasionnellement importée en Europe et en Amérique du Nord, faisant quelques dizaines de victimes, mais l'essentiel des dégâts humains et matériels est toujours supporté par les pays arabes et musulmans.

NATURE ET ORIGINES

1.

Que signifie l'acronyme Daech ?

Daech (ou Daesh) est l'acronyme arabe de l'« État islamique en Irak et en Syrie ». Les cinq lettres qui le composent reprennent les initiales des mots arabes correspondants : *al-Dawla al-islâmiyya fi al-irâq wa al-shâm*. La différence de transcription entre « Daech » et « Daesh » est due au fait que le premier est la transcription francophone du « ch » correspondant au mot « Cham » (Grande Syrie) tandis que le second (sh) est la transcription anglophone de ce même « ch ».

Dans l'acronyme de Daech/Daesh, il est à noter que le mot désignant la Syrie (Shâm/Cham) est l'ancien nom de ce qui fut appelé, sous l'Empire ottoman, la « Grande Syrie », à savoir : l'actuelle Syrie, le Liban, l'actuelle Jordanie ainsi que les territoires palestiniens. Par cet acronyme, il existe donc une remise en cause implicite des États institués et un retour aux désignations anciennes des entités territoriales qui prévalaient avant la Première Guerre mondiale (1914-1918).

Cet acronyme n'est toutefois pas utilisé par l'organisation elle-même, mais essentiellement par ses ennemis et ses détracteurs, qui veulent escamoter par là la référence à l'islam, inscrite au cœur de l'acronyme de l'organisation depuis sa fondation. Ils qualifient d'ailleurs les partisans de l'organisation non pas d'« islamiste » mais de « daeshis », autrement dit partisans de Daesh.

Consciente de ce risque de confusion associé à l'acronyme, l'organisation terroriste s'est empressée, dès 2014, de changer son nom en « État islamique » tout simplement, ce qui réduit l'acronyme à « EI ». Ainsi, Daech/Daesh ne fut, en réalité, en usage que pendant six mois, au début de l'année 2014. Aujourd'hui, il ne correspond plus ni à l'appellation officielle de l'organisation (État islamique), ni à l'acronyme réel de l'entité (EI).

Par ailleurs, le choix délibéré des responsables politiques et des médias français d'user de l'acronyme arabe a masqué la signification originelle du nom de l'organisation. En effet, si l'on voulait traduire l'acronyme arabe par un acronyme français correspondant, on aurait « EIIL » c'est-à-dire « État islamique en Irak et au Levant ». Celui-ci a d'ailleurs été utilisé par certains organes de presse français en 2014, mais il a rapidement cédé la place à Daech/Daesh, marquant la volonté des journalistes d'éviter tout risque d'amalgame avec l'islam en tant que religion d'une partie de la population française. De la sorte, ne subsiste plus aujourd'hui que les acronymes « Daech » ou « EI », et encore ces derniers ont-ils tendance à s'effacer au profit du nom officiel (État islamique).

Cette confusion terminologique en français se retrouve dans d'autres langues comme l'anglais puisque l'organisation est désignée majoritairement, dans cette langue, par l'acronyme « ISIL » ou « ISIS », lequel renvoie à *Islamic State in Iraq and the Shâm* (État islamique en Irak et au Levant/Shâm). À noter ici que les anglophones ont maintenu la référence à l'islam que ce soit dans la version longue de l'acronyme (ISIS) ou encore dans sa version courte (IS) : *Islamic State.*

Ainsi, l'organisation terroriste aura été connue depuis sa création sous plusieurs acronymes successifs. De 2006 à 2013, elle fut connue sous celui de « EII » (État islamique en Irak). Ensuite, de 2013 à juin 2014, elle s'est fait connaître sous celui de « EIIL/Daesh ». Enfin, depuis juin 2014, elle a pris une appellation courte (*al-Dawla al-islâmiyya*, État islamique), dont l'acronyme actuel est donc « EI ».

2.

Quelle est l'origine de cette formation ?

L'EI plonge ses racines dans la guerre civile irakienne déclenchée sous occupation américaine entre 2003 et 2011. En effet, dès 2004, apparaît dans les territoires à majorité sunnite de l'État irakien en dislocation une organisation terroriste dirigée par un Jordanien, Abou Moussab al-Zarqawi, appelée « Unicité et Djihad », laquelle prend rapidement le nom d'« Al-Qaïda en Mésopotamie » (Irak). Cette organisation connaît son heure de gloire entre 2004 et 2006 et parvient à devenir l'élément central de la « résistance djihadiste » à l'occupation américaine et au nouveau gouvernement chiite investi par les Américains en Irak.

À la mort de son chef, Zarqawi, en juin 2006, lors d'un raid américain à Bakouba, les différents chefs djihadistes décident d'unir leurs forces sous une même bannière et choisissent d'appeler la nouvelle organisation « État islamique en Irak » (EII). À l'époque, celle-ci élit à sa tête un Irakien connu sous le nom d'Abou Omar al-Baghdadi, qui sera tué quatre ans plus tard, en 2010, juste avant le départ des troupes américaines d'Irak. C'est alors que lui succède un autre Irakien connu sous le nom d'Abou Bakr al-Baghdadi, qui ne tarde pas à lui donner une autre envergure.

En effet, entre 2007 et 2011, l'organisation mène des actions de guérilla de basse intensité et ne cesse de perdre du terrain face aux actions contre-insurrectionnelles de l'armée américaine. Mais le retrait des Américains fin 2011 et le déclenchement quasi concomitant de la guerre civile dans la Syrie voisine vont donner à l'État islamique en Irak un nouveau souffle et des perspectives de développement insoupçonnées. Beaucoup de ses membres s'engagent très tôt aux côtés de l'opposition armée au régime syrien et combattent les troupes loyalistes. À l'époque, ils bénéficient – comme toutes les autres composantes de l'opposition armée – du soutien actif à la fois des pays arabes sunnites (pays du Golfe) et des pays occidentaux (France, Grande-Bretagne, États-Unis), tous farouchement opposés au maintien au pouvoir de Bachar al-Assad.

Les combattants de l'État islamique en Irak (EII) sont d'abord noyés dans la masse des combattants de la principale composante de l'insurrection, l'Armée syrienne libre (ASL), puis, très rapidement, ils se font connaître grâce à leur expérience acquise sur le terrain irakien contre les Américains. Ils se distinguent militairement par des actions spectaculaires et prennent l'ascendant sur les autres factions, formant en 2012 un noyau dur djihadiste, mais faisant toujours partie intégrante de l'opposition armée au régime syrien, soutenu par la Russie et l'Iran, bientôt rejoints sur le terrain par le Hezbollah libanais.

Dès 2013, la marginalisation de l'Armée syrienne libre (ASL) est acquise, et l'essentiel des forces combattantes se positionne du côté djihadiste. Mais deux organisations se disputent les faveurs des combattants : le « Front Al-Nosra », dirigé par le Syrien Abou Mohamed al-Joulani, et l'État islamique, dirigé par l'Irakien Abou Bakr al-Baghdadi. Tous deux sont des djihadistes convaincus et se connaissent de longue date, mais l'un (Al-Joulani) est un islamo-nationaliste qui se bat pour le maintien de la Syrie dans ses frontières connues, tandis que l'autre (Al-Baghdadi) est favorable à une redéfinition des frontières visant à créer une entité transnationale réunissant les populations sunnites de la région (du Yémen au Liban).

En avril 2013, Al-Baghdadi propose d'unir les forces djihadistes en Syrie et en Irak sous son autorité et annonce la création de l'État islamique en Irak et au Levant (Daech en arabe, EIIL en français). Mais le chef du Front Al-Nosra refuse cette proposition et s'empresse de prêter allégeance au chef d'Al-Qaïda, Ayman al-Zawâhiri. Celui-ci ne tarde pas à l'adouber et à annoncer la transformation du Front Al-Nosra en une filiale officielle de l'organisation en Syrie, sous le nom d'« Al-Qaïda au Levant » (AQAL).

Cette annonce est à l'origine d'une guerre fratricide qui fait des centaines de morts dans les rangs djihadistes et qui voit s'affirmer le leadership d'Al-Baghdadi. Fort des défections au sein des djihadistes de la filiale d'Al-Qaïda en Syrie et du renfort des combattants étrangers venus massivement le soutenir, l'EI lance ses troupes à la conquête des territoires à majorité sunnite du centre et du nord de l'Irak. Il bénéficie en cela du ralliement opportuniste des anciens officiers baathistes de l'armée de Saddam Hussein, marginalisés par le gouvernement chiite de Nouri al-Maliki.

Le 29 juin 2014, après la prise de Mossoul, deuxième ville du pays, Al-Baghdadi proclame la « restauration du Califat », qui correspond symboliquement au premier jour du ramadan dans le calendrier musulman (Hégire). Tout un symbole. En réaction, le chef d'Al-Qaïda au Levant (Syrie), Al-Joulani, proclame, le 11 juillet 2014, « l'émirat du Levant » sur le modèle de « l'émirat islamique » des talibans, et promet de contrôler les frontières de son « émirat » avec le nouveau Califat autoproclamé.

3.

Pourquoi l'EI remet-il en cause les frontières existantes ?

La remise en cause des frontières issues de l'accord Sykes-Picot a été clairement annoncée dans le discours d'investiture d'Al-Baghdadi comme « calife ». Celui-ci s'est d'ailleurs empressé de créer une nouvelle province, *Al-Fourat*, à cheval sur le territoire syrien et irakien. Depuis juin 2014, son organisation agit sur ces territoires comme un véritable État, se substituant à l'administration officielle et palliant les défaillances du gouvernement central dans ces deux pays.

Il n'est pas inutile de rappeler que l'accord Sykes-Picot, que dénonce le chef de l'EI et calife de Mossoul, a été signé secrètement en 1916, avec la bénédiction de la Russie impériale. Il stipule que les forces coloniales se partageront les territoires arabes « libérés » à la fin de la guerre, alors même qu'elles ont promis aux Arabes un « grand royaume libre et indépendant » en échange de leur soutien contre le « Califat ottoman ». Le chérif Hussein a attendu en vain, jusqu'en 1920, que la Grande-Bretagne et la France honorent leurs promesses. Mais celles-ci tracent les frontières du futur

Irak, de la nouvelle Syrie, du Liban, de la Jordanie, du Koweït, pendant que les implantations sionistes se multiplient à Jérusalem et à Jaffa, avec la bénédiction des Britanniques à la suite de la déclaration Balfour (1917). En quelques jours à peine, le monde assiste donc à la restauration de ce Califat par une organisation djihadiste aux prétentions territoriales inédites.

Aussitôt, une coalition internationale conduite par les Américains se forme pour combattre le Califat. Des bombardements massifs sont menés d'abord en Syrie puis en Irak, visant les infrastructures et les convois de l'EI, mais sans entamer véritablement les capacités militaires de l'organisation ni l'occupation imposée à la population. Un an et demi plus tard, fin 2015, la Russie fait une entrée fracassante dans le conflit et se lance dans des bombardements massifs et indiscriminés qui contribuent à aggraver le flux de réfugiés et à unifier les factions armées sur le terrain.

C'est alors que l'EI change de stratégie et lance une campagne internationale d'attentats. Ses combattants et ses sympathisants mènent des actions terroristes en Égypte, au Liban, en Turquie, en France, en Tunisie, aux États-Unis et en Grande-Bretagne. À chaque fois, ils indiquent que ces actions sont des représailles aux bombardements menés en Syrie et en Irak. L'EI devient ainsi l'ennemi mondial numéro 1 et fédère contre lui l'ensemble des forces occidentales.

4.

Qui est le chef de l'EI ?

Le chef actuel de l'EI est un Irakien qui s'appelle Abou Bakr al-Baghdadi (nom de guerre), de son vrai nom Ibrahim Awad Ali al-Badri. Sous sa forme complète, ce nom de guerre indique l'origine noble du personnage et sa généalogie officielle : Abou Bakr al-Baghdadi (originaire de Bagdad) al-Husseini (descendant du petit-fils du Prophète, Hussein) al-Qurashi (descendant de la tribu du Prophète, Quraysh). Cette ascendance arabe noble est à la base de sa revendication du Califat sous le nom de « calife Ibrabim » (depuis juin 2014).

Al-Baghdadi est né en Irak dans la ville de Falloujah le 28 juin 1971, dans une famille arabe d'ascendance noble, originaire du Hedjaz, mais de condition modeste. Il fait des études primaires et secondaires tout à fait correctes dans sa ville natale et obtient son baccalauréat avec un résultat honorable mais qui ne lui permet pas d'intégrer les meilleures filières. Sa fiche de vœux présentée pour l'inscription à l'université de Bagdad indique qu'il souhaitait faire des études de droit, mais ce vœu ne sera pas satisfait et il est orienté vers la faculté de théologie. Là, il fait un brillant parcours, obtenant une maîtrise, puis un master avec mention en études islamiques et, enfin, un doctorat en études coraniques. Il ne parvient pas, toutefois, à décrocher un poste d'enseignant-chercheur à l'université ni à intégrer l'armée en raison de sa myopie, et devient imam prédicateur dans la ville de Samara, à la mosquée Ahmad Ibn Hanbal. À cette époque, il a déjà la réputation d'être un savant dans la religion : d'abord influencé par les Frères musulmans, il ne tarde pas à se tourner vers le salafisme, qui le séduit par son littéralisme et son rigorisme.

L'année de l'invasion américaine de l'Irak (2003), il se marie une première fois avec une femme issue de la province sunnite d'Al-Anbar, dont il aura un fils, puis s'engage dans la résistance en formant son propre groupe : « L'armée des sunnites » *(Jaysh Ahl al-Sunnah)*. Il prend alors le nom de guerre Abou Du'â, qui signifie littéralement « l'homme de la prière », mais qui se réfère historiquement à l'appel à la guerre sainte.

En janvier 2004, il est arrêté par les forces américaines à Falloujah, en compagnie de deux autres membres de son groupe, et envoyé à la prison de Camp Bucca dans la ville portuaire de Umm Qasr, à la frontière irako-koweïtienne. Là, il est classé « prisonnier civil » et bénéficie d'un régime de détention moins dur que les autres. En effet, grâce à son doctorat en études coraniques, il devient imam et médiateur en prison, ce qui renforce son prestige auprès des autres détenus et lui permet d'étoffer son réseau de « résistants ». En décembre 2004, il est libéré pour bonne conduite.

Aussitôt, il rejoint les rangs d'Al-Qaïda en Mésopotamie (Irak) qui vient d'être officialisée par le Jordanien Abou Moussab al-Zarqawi, à l'époque au faîte de sa puissance. Ce dernier le nomme « émir de Rawah » dans la province sunnite d'Al-Anbar et lui confie la présidence des « tribunaux islamiques » dans cette province. En raison de ses exactions contre les populations locales, il est visé par un raid américain en octobre 2005 auquel il survit. Il est alors affecté à la frontière syrienne et chargé du recrutement et du transfert des combattants étrangers en Irak.

Après la mort de Zarqawi en juin 2006, il rejoint le « Conseil consultatif des moudjahidine en Irak » et fait partie, en octobre 2006, des membres fondateurs de l'État islamique en Irak (EII) qui élit à sa tête Abou Omar al-Baghdadi, alias Hamid Daoud al-Zawi, ancien officier de l'armée irakienne passé dans la résistance islamiste à l'occupation américaine.

Il est alors nommé « secrétaire d'État à la Justice » en charge des « tribunaux islamiques » et conforte son aura spirituelle auprès des autres chefs de l'organisation. Entre 2006 et 2010, toutes les décisions juridiques sont prises sous sa responsabilité directe et aucune fatwa n'est prononcée sans son aval. Il est déjà célèbre pour son intransigeance dans l'application de la charia (loi islamique) et son intolérance envers les autres groupes islamistes armés.

À la mort du chef de l'EII, tué en avril 2010 dans un raid américain, Al-Baghdadi est élu « émir » en mai 2010 et choisit comme « substitut » *(Nâ'ib)* un autre arabe d'ascendance noble comme lui, Abou Abdallah al-Husseini al-Qurashi. Mais il réaffirme son allégeance à l'égard du chef d'Al-Qaïda, Oussama Ben Laden, et intensifie ses attaques contre les forces gouvernementales et américaines.

À la mort de Ben Laden en mai 2011, il ne fait pas allégeance à son successeur mais décide de le venger en lançant une campagne engageant 100 kamikazes dans une vague d'attentats sans précédent. En octobre de la même année, il figure dans le trio de tête de la liste américaine des terroristes les plus recherchés avec le nouveau chef d'Al-Qaïda, Ayman al-Zawâhiri, et le chef des talibans, le mollah Omar. Sa tête est mise à prix pour 10 millions de dollars et son État islamique en Irak (EII) est laminé par les frappes de drones et les assassinats ciblés menés par les forces spéciales.

Le retrait américain d'Irak fin 2011 coïncide avec le Printemps arabe et le déclenchement de la guerre civile dans la Syrie voisine. Al-Baghdadi en profite pour reconstituer ses forces et envoie l'un de ses lieutenants, Abou Mohamed al-Joulani, sur le front syrien pour se battre aux côtés de l'insurrection islamiste contre le régime Assad. C'est la naissance du Front Al-Nosra sous le commandement d'Al-Joulani.

Pendant ce temps-là, Al-Baghdadi lance une campagne d'attentats suicides contre les prisons irakiennes visant à faire libérer les membres de son organisation capturés du temps des Américains. Ainsi, en septembre 2012, il réussit à faire libérer un grand nombre de détenus djihadistes de la prison de Tikrit, capitale de la province sunnite de Salaheddine.

En avril 2013, fort du succès de ses troupes en Syrie, Al-Baghdadi annonce la fusion du Front Al-Nosra et de l'EII sous le nom d'État islamique en Irak et au Levant (EIIL en français, DAECH en arabe). Mais son ancien lieutenant Al-Joulani refuse la fusion et réaffirme son allégeance au successeur de Ben Laden à la tête d'Al-Qaïda, l'Égyptien Al-Zawâhiri, lequel s'empresse d'annoncer la transformation du Front Al-Nosra en branche officielle de l'organisation sous le nom d'Al-Qaïda au Levant (AQAL).

C'est le moment que choisit Al-Baghdadi pour lancer une grande offensive en Syrie et en Irak visant à créer son « État » tant attendu. Il est aidé en cela par des centaines de combattants étrangers qui ont rejoint ses rangs entre-temps et par des milliers de transfuges issus des autres groupes armés laminés par les forces du régime syrien appuyé par les forces iraniennes et le Hezbollah libanais.

Cette grande offensive conduit à la prise de la deuxième ville d'Irak, Mossoul, en juin 2014. C'est là qu'Al-Baghdadi annonce, le 29 juin, premier jour du ramadan, la restauration du Califat islamique et la transformation du nom de son organisation en « État islamique » (EI) tout court. C'est la première fois qu'il apparaît en public et à la grande mosquée de Mossoul. Là, il reçoit l'allégeance des chefs de l'organisation et du public et se fait introniser nouveau « calife Ibrahim ».

5.

Qu'est-ce que le Califat ?

Le 29 juin 2014, le monde assiste ébahi à la restauration du « Califat islamique » par le chef de l'EI, Abou Bakr al-Baghdadi, qui se proclame par la même occasion « calife des musulmans » et « Commandeur des croyants ». Même si cette proclamation n'a été reconnue par aucun État, elle remet sur le devant de la scène un concept qui avait quasiment disparu, celui du Califat.

En arabe, le mot « Califat » signifie littéralement « succession » et le mot « calife » désigne le « successeur » (sous-entendu du Prophète).

Qu'il s'agisse des musulmans sunnites ou chiites, l'objectif politique principal demeure l'unification de la communauté musulmane *(oumma)*. Si les dénominations de l'autorité islamique suprême divergent entre les deux camps (calife, ayatollah, imam, mollah), la nature de la fonction est passablement la même (pouvoir théocratique).

Du côté chiite, le premier « guide de la révolution islamique », l'ayatollah Khomeiny (mort en 1989), mène une politique d'expansion pan-chiite visant la création d'une « République islamique » à l'échelle moyen-orientale. Pour ce faire, il soutient directement la création de plusieurs mouvements islamistes radicaux dans divers pays de la région : le groupe Nasr puis Wahdat en Afghanistan, le Hezbollah libanais et le mouvement Amal au Liban, le Conseil de la révolution islamique en Irak, les Brigades Badr en Syrie, le groupe Ansaru Allah au Yémen, etc. Tous sont nés de la volonté de l'Iran chiite d'étendre son influence politique et doctrinale dans une région dominée par le sunnisme.

Du côté sunnite justement, les Frères musulmans déjà présents dans plusieurs pays mettent en place une stratégie d'expansion pan-sunnite visant la restauration du Califat. À cet effet, ils créent en 1982 l'organisation internationale des Frères musulmans. En réaction, les Saoudiens mènent une politique missionnaire ayant pour but d'unifier le monde musulman sous la bannière du salafisme dans sa version wahhabite, en utilisant notamment l'Organisation de la conférence islamique, créée au début des années 1970 et basée à Djedda, deuxième ville d'Arabie saoudite.

Mais avec la guerre d'Afghanistan (1979-1989), sunnites et chiites soutiennent les moudjahidine afghans contre l'Armée rouge de l'Union soviétique. Tous les groupes islamistes se battent alors avec comme objectif d'établir, par la suite, un « gouvernement islamique » sous la forme d'un « émirat », préalable à la restauration du Califat.

6.

D'où vient l'institution du Califat ?

L'institution du Califat dont se réclame l'EI voit le jour au lendemain de la mort de Mahomet (632), lorsque son compagnon le plus proche, Abou Bakr, est désigné « Successeur du Messager de Dieu » *(Khalîfat Rasûl Allah)*. Cette désignation est l'œuvre des autres compagnons du Prophète qui l'élisent par acclamation et lui prêtent le serment d'allégeance. Mais cette « élection » se fait en l'absence d'Ali, cousin et gendre du Prophète, ce qui ne manquera pas de créer par la suite le plus grand schisme de l'islam.

Ce fut d'abord le temps des quatre premiers califes dits « bien guidés » (632-661) en Arabie, suivis par le Califat omeyyade (661-750), établi à Damas. L'âge d'or de l'islam sera porté par le Califat abbasside (750-1258), établi à Bagdad pour l'essentiel. Après les invasions mongoles, le centre du pouvoir se déplace vers l'Égypte et un simulacre de Califat est maintenu sous les Mamelouks au Caire (1261-1517). Enfin, l'épisode le plus proche et le plus connu des Occidentaux est celui du Califat ottoman, établi à Istanbul (1517-1924). C'est donc théoriquement sans discontinuer depuis la mort de Mahomet en 632 que les musulmans ont vécu sous l'autorité d'un calife malgré la présence de dynasties et de souverains locaux. Plus que l'exercice direct du pouvoir, il s'agit d'un symbole fort d'unité, de continuité et de légitimité de la « communauté musulmane » *(oumma)*.

Même si les penseurs arabes et musulmans se sont exprimés au sujet du Califat, le concept est au cœur d'un mouvement politico-religieux appelé « panislamisme ». Celui-ci milite, depuis la fin du XIXe siècle, soit pour l'union spirituelle de toutes les communautés musulmanes dans le monde, soit pour l'unification politique des territoires à majorité musulmane sous une même autorité temporelle et spirituelle, le Califat.

Si l'organisation de l'« État islamique » n'en avait pas ravivé le souvenir par une restauration aussi formelle que sanglante, le Califat serait certainement demeuré aux oubliettes de l'histoire. Aujourd'hui, le souvenir de cette institution est vivace et les « soldats du Califat » ont essaimé un peu partout dans le monde. Remonter le temps pour comprendre les origines et l'évolution du Califat permet de mieux comprendre la dynamique actuelle de guerre interne à l'islam dont les répercussions se voient tous les jours sur la scène internationale.

7.

Quelle différence entre les sunnites et les chiites ?

La question du Califat (succession) est à l'origine du schisme musulman le plus important. En effet, les musulmans sunnites et chiites se sont affrontés dès les premiers temps de l'islam (632) sur la question de savoir qui était le successeur légitime (calife, *khalîfa*) du Prophète. Les particularités doctrinales et les différences théologiques entre ces deux courants reposent à l'origine sur une querelle de succession politique, mais ils se sont construits par la suite sur un socle doctrinal et idéologique.

Pour les sunnites, le calife doit être un homme ordinaire, élu par d'autres hommes parmi les membres de la communauté des fidèles. Pour les chiites, la communauté musulmane ne peut être dirigée que par les descendants de la famille du Prophète, des imams qui tirent directement leur autorité de Dieu et qui sont donc meilleurs et infaillibles.

Dans la jurisprudence chiite, le modèle découle des traditions orales énoncées par Mahomet et de leur interprétation par les imams, qui étaient les descendants du Prophète par sa fille Fatima et son mari Ali, considéré comme le premier imam. Les chiites accordent de l'importance à l'interprétation de la révélation divine, considérée comme un processus continu et nécessaire pour se conformer aux enseignements du Coran.

Les sunnites croient aussi qu'ils peuvent interpréter le Coran et le Hadith, mais ils accordent une plus grande importance aux oulémas (savants) fondateurs de leurs écoles juridiques tels Abû Hanîfa, Mâlik Ibn Anas, Al-Shâfiî et Ibn Hanbal. Ils le pensent d'autant plus qu'Abû Hanîfa et Mâlik étaient des disciples du sixième imam reconnu par les chiites, l'imam Jafar al-Sâdiq (mort en 765).

Mais la conception chiite de l'« imamat » est foncièrement opposée à celle du Califat chez la majorité des sunnites. L'imam, incarnant à la fois le pouvoir temporel et spirituel, est considéré chez les chiites comme la continuation du cycle de la prophétie à la suite de Mahomet. Il est la « preuve de Dieu » *(Ayatollah)* sur terre et le gardien du sens caché de la révélation divine. Il n'en est rien pour le « calife » qui représente, chez les sunnites, un symbole d'unité de l'*oumma* et un garant du bon gouvernement islamique.

8.

Que fait le calife de l'EI ?

Lorsque l'EI annonce en juin 2014 la restauration du Califat, tout le monde se pose la question de savoir ce que cela signifie concrètement : qu'est-ce qu'un calife et que fait-il précisément ? Autrement dit, quelles sont les conceptions et les applications du Califat ? Pour pouvoir répondre à ces questions et saisir les enjeux de cette proclamation, il faut rappeler quelques éléments historiques et théologiques.

Tout d'abord, le mot *(khalîfa)* signifie littéralement « successeur », mais il n'était pas prévu à l'origine pour servir de titre aux chefs musulmans. Avant l'islam, le mot désigne le « suppléant » qui remplace le chef de famille ou de tribu en son absence. C'est la pratique des compagnons du Prophète qui en a fait une appellation officielle et protocolaire. Par la suite, les historiographes musulmans n'ont fait que prendre acte de cet usage, perpétuant la tradition instituée par le deuxième calife, Omar (634-644). Celui-ci avait été le premier à prendre officiellement le titre de « Successeur du Messager de Dieu » *(Khalîfat Rasûl Allah)*, en même temps qu'il instituait un autre titre, « Commandeur des croyants » *(Amîr al-mu'minîn)*.

Ensuite, les théologiens musulmans légitiment l'institution du Califat par le fait que le mot « calife » *(khalîfa)* est mentionné dans le Coran par deux fois (Coran 2 : 28-30 et 38 : 25-23). De là découlent deux conceptions du Califat qui vont s'affronter tout au long de l'histoire musulmane. La première prévaudra plus tard chez les musulmans chiites dans le cadre de l'imamat, tandis que la seconde sera au fondement du Califat chez les musulmans sunnites.

Enfin, dans la majorité des écrits médiévaux sur le pouvoir, les termes « calife » et « imam » apparaissent ensemble, mais progressivement, une certaine spécialisation apparaît dans les textes : le premier (calife) désigne le souverain en tant que chef politique et commandant militaire, tandis que le second (imam) le désigne en sa qualité de chef religieux et spirituel de la communauté musulmane. Dans le premier cas, c'est le calife qui assure la direction de l'État et des armées ; dans le second, c'est l'imam qui fait le prêche du vendredi et qui conduit la prière plénière de la communauté.

9.

Le Califat est-il une théocratie ?

Dans le contexte médiéval, politique et religion étaient intimement liées, tant il était difficile de distinguer les fonctions du calife en tant que chef spirituel et ses actions en tant que chef temporel. Ce lien intrinsèque paraît encore vivace de nos jours, puisque le calife de l'EI ne semble respecté et obéi que s'il fait appliquer la charia, bien qu'il y soit lui-même soumis.

Cette conception théocratique du pouvoir remonte aux débuts de l'empire musulman. C'est la dynastie omeyyade (661-750) qui jette les bases d'une théocratie de droit divin qui allait modifier l'image du calife et le sens de sa mission. Désormais, au cœur de la relation entre le souverain et la communauté, se trouvait le serment d'allégeance *(bay'a)* qui fut sanctuarisé comme un contrat moral indéfectible, prenant Dieu à témoin. Rien ne pouvait rompre ce serment qui lui était prêté si ce n'est le constat d'un manquement flagrant à la charia.

Les successeurs des Omeyyades, les Abbassides (750-1258), ne modifièrent pas foncièrement la conception de la fonction califale. Légitimistes, ils utilisèrent le titre de calife *(khalîfa)* comme « représentant de Dieu sur terre », investi d'un pouvoir autocratique. Même si leur règne a été le plus long de l'histoire du Califat (cinq siècles), cet exercice spécifique du pouvoir ne faisait pas l'unanimité. Certains théologiens contestèrent leur conception et assimilèrent le régime politique instauré par les Abbassides à une simple royauté *(mulk)*. Mais leurs partisans, notamment parmi les oulémas sunnites ultérieurs, cherchèrent à consolider leur pouvoir en fondant sa légitimité sur des considérations religieuses. Progressivement, la théorie du Califat (pouvoir temporel) et celle de l'imamat (pouvoir spirituel) se rejoignent pour fusionner dans une seule et même personne, celle du « calife-imam » qui détient la totalité du pouvoir sur l'ensemble de la communauté musulmane[1].

Après la chute du Califat abbasside sous les coups des Mongols (1258), la majorité des théologiens et des penseurs musulmans semblent d'accord pour dire que le Califat a perdu de sa valeur et que le concept de souveraineté est désormais assimilable à la « royauté » *(mulk)*. En conséquence, le titre institué par le deuxième calife, Commandeur des croyants *(amîr al-mu'minîn)*, tombe en désuétude. Les souverains musulmans portent désormais des titres moins engageants spirituellement et plus centrés sur l'exercice temporel du pouvoir.

1. Voir Guidère M., *Le Retour du Califat*, Paris, Gallimard, 2016.

10.

Combien de califats y a-t-il eu avant l'EI ?

L'EI insiste sur le fait qu'il s'inscrit dans une filiation historique qui puise sa légitimité aux sources mêmes de l'islam. En effet, toutes dynasties confondues, il y a eu une centaine de califes reconnus dans l'histoire musulmane, celui de l'EI serait le 102e calife. Mais leur Califat a varié dans le temps et dans l'espace. Ainsi, il y a eu trois grands califats au Proche-Orient.

Le premier est celui de Damas, appelé « Califat omeyyade ». Il tire son nom de l'ancêtre commun de la dynastie, Omeyya, grand-oncle du prophète Mahomet. Les Omeyyades établissent la capitale de leur Califat en Syrie et règnent sur l'ensemble du monde musulman entre 661 et 750 de notre ère. Leur étendard est de couleur blanche.

Le deuxième Califat est celui de Bagdad, appelé « Califat abbasside ». Il tire son nom de l'ancêtre commun de la dynastie, Abbas, oncle du Prophète. Les Abbassides transfèrent le Califat en Irak et règnent sur une grande partie du monde musulman entre 750 et 1258. Leur étendard est de couleur noire.

Le troisième est celui du Caire, établi sous les Mamelouks d'Égypte, anciens esclaves affranchis, qui recueillent le dernier descendant des Abbassides et le proclament calife. Sous son autorité formelle, puis celle de ses successeurs, les Mamelouks règnent sur le Proche-Orient et l'Arabie entre 1261 et 1517, date de la conquête de l'Égypte par les Ottomans.

Si les deux premiers califats orientaux signent la prééminence arabe et l'ascendance politique de la tribu du Prophète (les Quraysh), le troisième est purement formel et dominé par les convertis issus d'autres contrées ou ethnies.

Ainsi, en Occident musulman (Maghreb et *Andalus*), il y a eu trois autres califats.

Le premier est le Califat fatimide, d'obédience chiite ismaélite, qui s'implante au Maghreb oriental et central *(Ifrîqiyya)* dès 909, avant de migrer sur les rives du Nil en Égypte à partir de 969 et jusqu'en 1171. Leur étendard est de couleur verte.

Le deuxième est le Califat de Cordoue, d'obédience sunnite, qui domine l'Espagne musulmane *(Andalus)* quasiment à la même époque, entre 929 et 1031. Leur étendard est de couleur blanche comme celui de leurs ancêtres, les Omeyyades de Damas (661-750).

Le troisième est le Califat almohade qui règne sur le Maghreb et sur une partie de l'*Andalus* entre 1147 et 1269. Leur étendard est de couleur rouge, orné d'un échiquier au centre.

Si les deux premiers califats occidentaux sont fondés et dirigés par des dynasties arabes, le troisième est un Califat résolument berbère dominé par les tribus locales. Cependant, malgré leurs différences, ils expriment tous une volonté forte de réforme religieuse et d'unification politique des musulmans sous une même autorité temporelle et spirituelle.

La dynastie des califes abbassides, qui succède aux Omeyyades en 750 de notre ère, innove en instituant un Califat légitimiste se réclamant directement de la généalogie (maison du Prophète) et de la tradition de Mahomet *(sunna)*. Mais ces prétendants à la « succession » (Califat) se répartissaient en deux groupes principaux.

Le premier, de tendance modérée, privilégiait les descendants de la lignée directe du Prophète, par sa fille Fatima mariée à son cousin Ali. Ses partisans, appelés « chiites », voulaient que le Califat (direction politique) et l'imamat (direction spirituelle) soient transmis de façon héréditaire au sein de cette lignée.

Le second groupe, plus dur, estimait que les prétendants de la lignée masculine, celle d'Abbas, étaient plus légitimes pour prendre la succession du Prophète. Ses partisans faisaient appel à la tradition tribale qui donnait la prééminence à l'oncle sur la fille dans la succession du père. Cet argument obligea le premier groupe à se revendiquer non plus de Fatima mais d'Ali, cousin du Prophète, ce qui donna naissance au « parti alide ».

Cet affrontement initial va perdurer jusqu'à nos jours sous la forme d'une opposition théologique et politique entre l'Iran (chiite) et l'Arabie saoudite (sunnite). Mais la majorité des fidèles se range progressivement du côté du sunnisme, estimant qu'il revient au « meilleur musulman » de diriger la communauté.

11.

Qu'est-ce qu'un État islamique ?

L'idée d'un « État islamique » a toujours été au cœur des revendications islamistes, mais la définition exacte de ce type d'État et ses modes de gouvernance ont rarement été explicités de façon claire et argumentée. Le seul point commun dans la conception islamiste est que l'État islamique se distingue par son refus de séparer le politique et le religieux dans l'exercice du pouvoir, en arguant du fait que l'islam est « une religion et un régime » *(dîn wa dawla)*.

Cette conception théocratique du pouvoir est illustrée, à l'époque contemporaine, par la République islamique d'Iran du côté chiite et par l'Arabie saoudite du côté sunnite. Mais historiquement, ses partisans, qu'ils soient sunnites ou chiites, se réclament de la pratique du Prophète en tant que chef spirituel et de ses successeurs (califes) en tant que chefs politiques au début de l'islam. Il faut cependant distinguer, à cet égard, la conception sunnite de la conception chiite du « gouvernement islamique ».

Dans la conception chiite, en raison de la présence d'un clergé organisé et fortement hiérarchisé, l'État doit être « guidé » par un religieux, appelé « imam », homme de foi auquel sont subordonnés les autres ordres et pouvoirs. C'est le cas en Iran où un haut dignitaire religieux, l'ayatollah, est au sommet de l'État. Cela signifie que son avis s'impose même à celui du président de la République islamique, pourtant élu au suffrage universel.

Dans la conception sunnite, en revanche, une telle situation est théoriquement impossible parce qu'il n'existe pas de clergé formellement institué et que le religieux a été, historiquement, subordonné et soumis au politique. À la tête de l'État, il ne peut donc y avoir un imam, mais un chef politique ou militaire ayant un ancrage social ou des alliances tribales. C'est le cas, par exemple, en Arabie saoudite où les rois, descendants du chef tribal Ibn Saoud, ne sont pas des dignitaires religieux mais fondent néanmoins leur pouvoir sur une alliance avec les descendants du chef religieux Ibn Abd al-Wahhâb (1703-1792).

Dans un cas (chiite), c'est le religieux qui domine le politique au sein d'une sorte de « théocratie parlementaire » ; dans l'autre (sunnite), c'est le politique qui instrumentalise le religieux dans le cadre d'une sorte de « monarchie théocratique ». Mais dans les deux cas, l'interpénétration du politique et du religieux est telle qu'aucune séparation n'est possible entre les affaires temporelles et les affaires spirituelles, au risque de faire exploser le régime ou de faire imploser la société.

Ces conceptions culturelles du pouvoir, héritées du système qui a prévalu sous les divers califats et imamats tout au long de l'histoire musulmane, vont être mises à rude épreuve par l'islam politique puis par l'islamisme radical qui se développent tout au long des années 1970-1980, aussi bien parmi les musulmans sunnites que parmi les musulmans chiites.

Chez les chiites, c'est l'ayatollah Khomeiny (1902-1989) qui établit les bases d'un islamisme révolutionnaire conduisant au renversement du shah d'Iran et à l'instauration de la « République islamique » (1979). Dans son sillage sont créés divers partis et organisations chiites prônant la lutte armée, dont le plus célèbre est le Hezbollah libanais, littéralement « Parti de Dieu », fondé en 1982 sous l'impulsion de Khomeiny justement, en pleine guerre civile libanaise.

Chez les sunnites, l'islamisme radical se développe à partir des écrits de Sayyid Qotb, mais trouve un champ d'application dans la « guerre sainte » *(jihâd)* en Afghanistan contre l'Union soviétique. Cette guerre conduit également au développement d'Al-Qaïda, sous la protection d'un autre régime islamiste, l'« émirat islamique d'Afghanistan » (1996-2001).

Dans l'esprit de nombreux combattants arabes qui avaient rejoint Ben Laden à l'époque, mécontents de la situation dans leur pays d'origine, il s'agissait d'un « émirat islamique », prélude à la proclamation du Califat. L'Afghanistan avait d'ailleurs à sa tête un « Commandeur des croyants » *(amîr al-mu'minîn)*, le mollah Omar (mort en 2013), et appliquait une version rigoriste de la charia (flagellation, amputation, lapidation, etc.). Mais les talibans, ayant unifié et pacifié l'Afghanistan, jouissaient alors d'une relative sympathie de la part des pays limitrophes et notamment de la part du puissant voisin pakistanais qui voyait là des alliés solides pour la stabilisation de la région après des décennies de guerre.

Mais l'« émirat islamique d'Afghanistan » devient rapidement la plaque tournante des groupes islamistes radicaux : des camps d'entraînement sont mis en place et les djihadistes du monde entier affluent pour s'y entraîner avant de repartir dans leur pays mener la guerre sainte. L'idéologie du « djihad global » se diffuse rapidement et les sympathisants d'Al-Qaïda se multiplient à travers le monde, rêvant de renouveler l'expérience ailleurs jusqu'à l'avènement de l'EI et de son idée de « Califat universel ».

12.

Quels sont les titres islamiques en usage au sein de l'EI ?

Tous les titres en usage au sein de l'EI proviennent de l'histoire médiévale du Califat islamique. Outre le titre de « calife », le chef de l'EI, Al-Baghdadi porte celui de « Commandeur des croyants » *(amîr al-mu'minîn)*. À l'instar des anciens califes abbassides, ce titre lui assure en théorie la direction politique et spirituelle des musulmans. Il peut notamment diriger la prière plénière et prononcer le prêche du vendredi à la grande mosquée. C'est d'ailleurs ce qu'il a fait le 29 juin 2014 à Mossoul, ce qui en fait également un imam.

En effet, depuis le Moyen Âge, le titre d'imam fait désormais partie de la panoplie des titres portés par le calife en exercice. Il implique une reconnaissance formelle de l'autorité spirituelle du souverain qui peut non seulement diriger la prière plénière *(salât al-jumu'a)*, mais aussi décider de l'orientation doctrinale de la communauté musulmane *(oumma)*.

Le deuxième titre en usage dans l'EI est celui de « vizir » (ministre) et l'organisation affiche un organigramme avec plusieurs vizirs responsables de portefeuilles aussi importants que l'économie, la défense, la sécurité, les finances ou encore l'éducation. Le mot (vizir) signifie originellement en arabe « celui qui porte le fardeau » *(wizr)*. Il est un personnage clé de l'organisation, assurant tout à la fois les fonctions de « secrétaire d'État » et de « chef de l'administration ».

Le troisième titre en usage dans l'EI est celui d'« émir » *(amîr)*, qui désignait initialement un chef militaire (commandant) mais qui a été progressivement attribué à des chefs politiques, appelés par le calife pour conduire les affaires de l'État. Ils sont parfois envoyés pour gouverner une « province » *(wilâya)* du Califat, mais ils jouissent d'une grande autonomie dans la gestion et la conduite des affaires de la province.

D'autres titres issus de la tradition musulmane sont en usage au sein de l'EI comme *cadi* (juge islamique appliquant la charia), *cheikh* (savant religieux), *mufti* (responsable des fatwas), *muhtassib* (police religieuse), etc.

13.

Que signifie l'allégeance à l'EI ?

L'allégeance (*bay'a*, en arabe) est au cœur de l'organisation et du système de fonctionnement de l'EI. Elle désigne le lien fondamental qui unit le chef de l'organisation à ses troupes ainsi qu'aux autres organisations affiliées. La procédure consiste en un serment d'allégeance oral prononcé publiquement et indiquant la soumission totale au chef.

Dans ses prolégomènes, l'historien Ibn Khaldun (mort en 1406) définit la *bay'a* en ces termes : « Le serment d'allégeance consiste à rendre hommage d'obéissance. La personne qui le prête passe une sorte de contrat avec son émir, auquel elle confie le gouvernement de ses affaires et de celles des musulmans ; elle s'engage à reconnaître son autorité et à exécuter tous ses ordres. »

Le mot trouve son origine dans la poignée de main qui, dans les anciennes coutumes des tribus arabes, symbolise la conclusion d'un accord entre deux personnes. C'est ce même geste qui est utilisé pour élire les califes musulmans. Les premières *bay'as* qui ont eu lieu dans l'histoire musulmane sont celles qui ont été faites au Prophète, et par lesquelles les premiers musulmans reconnurent son autorité.

La *bay'a* est ainsi un contrat moral à caractère déclaratoire. Elle consiste à adhérer à une doctrine ou à une organisation et à reconnaître l'autorité de celui qui la dirige. Historiquement, même si elle est faite par quelques personnes, la *bay'a* engage toute la communauté que ces personnes sont censées représenter. Tous doivent obéissance au chef déclaré.

Mais du point de vue du calife, l'effet de la *bay'a* est personnel et limité dans le temps. Il n'existe pas de *bay'a* faite pour une durée indéterminée. Ce caractère personnel de la *bay'a* explique pourquoi elle doit être renouvelée à chaque changement de leader, même s'il s'agit toujours de la même organisation.

14.

Quelle est la stratégie de conquête de l'EI ?

Depuis sa proclamation du Califat en juin 2014, l'EI poursuit une stratégie de conquête territoriale, qui procède par cercles concentriques ayant chacun une référence historique bien présente dans l'esprit de ses chefs.

Le premier cercle est celui de l'Irak et du Levant qui correspond au territoire des premiers califes musulmans, dits califes « bien guidés » (632-661). Ce territoire recouvre en théorie les pays suivants : l'Irak, la Syrie, la Jordanie, le Liban et la Palestine. D'ailleurs, l'organisation a pris pendant un an (2013-2014) le nom de ce territoire : État islamique en Irak et au Levant (EIIL en français, Daech en arabe). Les deux villes d'ancrage au sein de ce territoire sont Raqqa en Syrie et Mossoul en Irak.

Le deuxième cercle d'expansion territoriale recouvre les autres pays arabes du Proche-Orient, autrefois partie prenante du Califat omeyyade de Damas (661-750). Ce territoire recouvre les pays de la péninsule Arabique ainsi que l'Égypte. Il est visé régulièrement par les attentats de l'organisation comme au Yémen et en Arabie saoudite, mais l'implantation la plus crédible jusqu'ici reste l'Égypte où l'EI a rallié les anciens djihadistes du groupe « Défenseurs de Jérusalem » pour former la nouvelle « Province du Sinaï ».

Le troisième cercle d'expansion territoriale concerne les « provinces » *(wilâyas)* de l'ancien Califat abbasside de Bagdad (750-1258). Elles comprennent les autres pays musulmans du Maghreb et d'Asie. Mais, pour l'instant, la seule « province » effectivement opérationnelle est celle de Libye.

Au cœur du Califat, c'est-à-dire en Irak et en Syrie, l'objectif est de défendre « l'État » et de consolider les conquêtes territoriales ; c'est la stratégie du « djihad défensif ». Ailleurs, c'est la stratégie inverse qui est appliquée avec un « djihad offensif » qui vise à étendre le pouvoir de l'organisation en créant de nouvelles « provinces ».

Pour l'heure, il en existe huit officiellement : en Libye, en Tunisie, en Arabie saoudite, en Algérie, en Afghanistan, au Sinaï, au Yémen et dans le Caucase. Même si certaines *wilâyas* ont une existence symbolique et ne correspondent pas à un véritable contrôle du territoire, elles jouent un rôle essentiel dans la propagande du Califat visant à montrer que son pouvoir s'étend bien au-delà de son foyer syro-irakien et qu'il rallie des groupes partout dans le monde.

Mais contrairement à Al-Qaïda, l'EI n'envisage pas pour l'heure d'étendre son Califat sur le monde entier. Conscient des limites de sa puissance, il aspire surtout à unifier la « Maison de l'Islam » *(Dâr al-Islam)* sous l'autorité du « calife Ibrahim ».

ORGANISATION
ET FONCTIONNEMENT

15.

L'EI est-il un État au sens juridique ?

Si la question de « l'État » se pose, c'est parce que l'EI affiche clairement un projet étatique et agit en tant que tel sur les territoires qu'il contrôle en Syrie et en Irak. Mais d'un point de vue juridique, la question est controversée. En effet, les critères définissant la notion d'État en droit international sont nombreux et variables selon les théoriciens et les doctrines politiques.

Les critères les plus connus sont ceux de Montevideo, du nom de la convention internationale tenue en 1933. Ils sont au nombre de quatre : une population permanente, un territoire délimité, une forme minimale de gouvernement et la capacité à entrer en relation avec d'autres États.

Si l'on s'en tient à ces seuls critères, il ne fait aucun doute que l'EI peut prétendre au statut d'État. En effet, l'organisation contrôle un territoire aussi grand que celui de la Grande-Bretagne (300 000 km^2 en 2015), sur lequel vit une population de près de 10 millions d'habitants. Elle gère ce territoire grâce à une administration et des services divers (état civil, police, justice, etc.) et possède indéniablement la capacité d'établir des liens avec d'autres États. De fait, l'EI est un « proto-État » auquel ne manque, en 2015, que la reconnaissance internationale.

Cette reconnaissance n'est pas acquise pour plusieurs raisons qui sont davantage politiques que juridiques. Car l'on a vu par le passé des États s'instituer à la suite de grands chamboulements géopolitiques, dont le plus récent est la chute du mur de Berlin et la naissance de nouveaux États après 1989, parfois à la suite de terribles guerres civiles comme dans l'ex-Yougoslavie.

Tout d'abord, le territoire contrôlé par l'EI fluctue au rythme des conquêtes et des revers militaires. Cela signifie qu'il n'existe pas de revendication territoriale claire, avec des frontières établies, sur laquelle il est possible de fonder le futur État.

Ensuite, la population vivant sur ce territoire n'a pas été consultée concernant le projet étatique mis en œuvre par l'EI. Certes, il s'agit d'une population relativement homogène, à dominante arabe sunnite, mais celle-ci n'a jamais été invitée à se prononcer par référendum, comme cela s'est passé au Soudan du Sud par exemple (principe d'autodétermination).

Par ailleurs, le fait que le « régime » mis en place par l'EI soit de nature théocratique et totalitaire constitue un obstacle supplémentaire à sa reconnaissance en tant qu'État.

Enfin, l'EI possède tous les moyens pour engager des relations avec d'autres États mais aucun n'a exprimé le souhait de le reconnaître ni d'entretenir des relations avec lui. Bien au contraire, l'entité a rallié contre elle l'ensemble des pays arabes et musulmans, sans parler de la large coalition internationale formée pour le combattre.

La stratégie du « un contre tous » poursuivie par l'EI laisse planer un doute sur sa volonté réelle d'être reconnu comme un État à part entière par une communauté internationale que lui-même ne reconnaît pas.

16.

Quels sont les modèles de construction étatique de l'EI ?

Il est désormais établi que c'est le conflit irakien d'abord, syrien ensuite, qui a offert à l'EI une opportunité unique de se développer et d'acquérir la puissance de frappe qu'on lui connaît aujourd'hui. L'on sait également que la politique de marginalisation des sunnites menée par les gouvernements irakien et syrien, dominés par les chiites, a joué un rôle essentiel dans le ralliement d'une partie de la population de ces deux pays à l'EI, en particulier parmi les baathistes de l'ancien régime irakien.

Ce que l'on sait moins c'est que dès 2006, l'organisation djihadiste s'était fixé comme objectif de construire un État viable en prenant le nom d'État islamique en Irak (EII), et avait mis en place une stratégie sur le long terme visant à le réaliser. En relisant les écrits et les discours de ses principaux chefs, on se rend compte que la contestation des États existants était déjà au cœur de leur rhétorique, et que le projet de construction politique avait toujours été présent dans les esprits. Ces chefs divergeaient simplement sur les moyens d'atteindre cet objectif et de réaliser ce projet politique.

D'un côté, les « souverainistes » voulaient passer par une contestation officielle de l'accord Sykes-Picot, signé en 1916 entre les Français et les Britanniques et ayant conduit à dessiner les frontières des pays arabes de la région telles que nous les connaissons aujourd'hui, plus particulièrement de la Syrie, de l'Irak, de la Jordanie et du Liban.

D'un autre côté, les « révolutionnaires » voulaient construire un État en passant par la lutte armée et par la conquête territoriale. Ils citaient deux exemples d'États contemporains nés suivant cette méthode : l'État saoudien en 1932 et l'État hébreu en 1948.

Mais pour les deux camps, c'est l'action de conquête territoriale menée par un groupe armé, initialement qualifié de « terroriste » pour ses méthodes, qui a permis l'établissement de chacun de ces deux États. Dans le cas saoudien, ce sont les « Ikhwân » sur lesquels va s'appuyer le chef tribal Ibn Saoud pour unifier l'Arabie ; dans le cas israélien, c'est « l'Irgoun » qui permettra de jeter les bases du futur État hébreu.

C'est en imitant ces deux « modèles » que les idéologues et les chefs de l'EI entendaient créer un nouvel État transfrontalier dans le cadre du Califat proclamé en juin 2014 par Al-Baghdadi, désormais appelé « calife Ibrahim ».

17.

Y a-t-il un gouvernement dans l'EI ?

L'organigramme de l'EI est connu et diffusé publiquement. Il est formé de quatre grandes entités : le calife, le vice-calife, le cabinet du gouvernement, et le secrétariat à la Guerre.

Le calife nomme et réunit les membres du gouvernement pour décider de la politique générale. L'organigramme gouvernemental de l'EI englobe sept « ministres » (vizirs) formant le « cabinet » *(dîwân)*. Les noms de guerre de ces ministres sont connus et diffusés publiquement sur les « territoires du Califat » : Abou Abdelkader, Abou Mohamed, Abou Louay, Abou Hajer, Abou Kassem, Abou Abdulrahman et Abou Salah. Ce dernier, en charge des finances de l'EI, a été tué début décembre 2015 par une frappe de drone américain. Il était d'origine syrienne contrairement aux autres membres du cabinet, tous irakiens.

À côté du cabinet existe un « secrétariat à la Guerre » formé de trois « généraux » dirigeant chacun un front : Abou Shama sur le front nord de l'Irak, Abou Suja sur le front centre de l'Irak et Abou Kifah sur le front syrien. Chacun de ces « généraux » a sous son autorité plusieurs « émirs » (commandants) sur le terrain et des milliers d'hommes en armes. Ils décident de la conduite de la guerre et de la stratégie militaire générale sous l'autorité directe du calife, car ils ne dépendent pas du cabinet.

Le vice-calife, de son nom de guerre Abou Muslim al-Turkmani, est l'adjoint du calife et le responsable de l'administration. Il travaille en étroite collaboration avec les « gouverneurs des provinces » *(wilâyas)*, nommés par le calife, mais dépendants de lui, pour assurer le bon fonctionnement de « l'État » et des services publics. En 2015, il avait autorité sur cinq « gouverneurs » (*wâlis*) : Abou Nabil, Abou Fatma, Abou Juma, Abou Addessalem, Abou Maysara.

Ces gouverneurs sont par ailleurs pressentis pour faire partie du cabinet (gouvernement) si l'un de ses membres venait à disparaître. En effet, un système de promotion et de succession relativement bien réglé a été instauré au sein de l'EI, dès l'élection d'Al-Baghdadi au Califat en juin 2014, pour éviter tout « vide de pouvoir ». Ainsi par exemple, lorsque le « secrétaire d'État aux Finances », Abou Salah, a été tué, il a été immédiatement remplacé par l'un des gouverneurs, Abou Fatma.

Cette composition resserrée du gouvernement permet une réactivité et une continuité de l'EI qui n'ont jamais été atteintes par aucune autre organisation dans le passé.

18.

Y a-t-il un système judiciaire dans l'EI ?

Dès que l'EI prend le contrôle d'une localité ou d'une ville, il s'empresse d'instaurer un système judiciaire propre mais parfaitement opérationnel. En règle générale, il réquisitionne les locaux des anciens tribunaux étatiques, limoge les juges existants ou les exécute, puis nomme des « juges islamiques », mais ne change rien à l'administration judiciaire locale (greffes, secrétaires, appariteurs, agents divers, etc.).

Bref, seuls les chefs changent, la base reste et rien n'est modifié à son statut (fonctionnaire) ni à sa rémunération (salaire). Bien au contraire, l'avènement de l'EI est généralement célébré par l'octroi d'un congé payé et d'une prime exceptionnelle, puis par l'instauration de nouveaux jours fériés correspondant aux « fêtes islamiques ». Tout est fait pour ménager les serviteurs de l'ancien régime et écarter les anciens décideurs.

L'étape cruciale concerne la mise en place des « tribunaux islamiques ». Elle se fait dans un laps de temps extrêmement court. Dès la réquisition des lieux et le limogeage des anciens juges, les nouveaux *cadis* (juges islamiques) prennent possession des lieux et se mettent immédiatement au travail, recevant les plaignants et tranchant les litiges. L'EI arrive en effet dans les nouvelles villes conquises avec ses propres « cadres », déjà formés et entraînés à la gestion des affaires courantes. Si la formation de ces « juges » laisse souvent à désirer, leur rapidité dans l'énoncé du jugement est généralement appréciée par la population. Le zèle de certains *cadis* paraît transitoire et propre à la phase d'installation et d'affirmation du nouveau pouvoir judiciaire visant à montrer que « les choses changent ».

Car l'organisation judiciaire est très structurée et hiérarchisée. À la tête de chaque « tribunal islamique » se trouve un « grand *cadi* », titre qui correspond à la fonction de l'ancien « président du tribunal ». Il a sous son autorité plusieurs *cadis* répartis dans des « bureaux » en fonction de leur spécialisation : affaires familiales, affaires commerciales, affaires foncières, affaires pénales, etc.

Chaque *cadi* est assisté par un « secrétaire » *(kâtib)* qui consigne les jugements et par un « policier » *(shurti)* chargé du suivi de leur exécution, en cas de non-respect par les plaignants. Ce dernier est le « bras armé de la justice islamique », selon l'expression consacrée au sein de l'EI.

Outre ce changement dans l'organisation et le fonctionnement qui tranche avec la lenteur et la bureaucratie et la corruption des anciens tribunaux gouvernementaux, l'avènement de l'EI s'accompagne surtout d'un changement de législation aussi rapide que radical. Du jour au lendemain, les « codes » (civil, pénal, commercial, etc.) qui étaient en vigueur sous l'ancien régime sont abolis et généralement brûlés sur la place publique, puis remplacés par la charia. Si l'aspect le plus connu en Occident de cette charia concerne son volet pénal (flagellation, lapidation, exécution), ce n'est que la partie émergée de l'iceberg puisque la charia est appliquée à tous les aspects de la vie, suivant une jurisprudence issue des écoles juridiques médiévales et charriant une tradition judiciaire de près de quinze siècles.

19.

Quelle charia est appliquée par l'EI ?

Tous les pays arabes et musulmans appliquent la charia à des degrés divers, mais chacun l'applique à sa manière et suivant sa propre tradition juridique. L'EI ne fait pas exception à la règle, mais il se distingue par une conception et une application de la charia qui lui sont spécifiques.

La charia désigne l'ensemble des lois et des règlements issus du Coran et des traditions prophétiques. Au fil des siècles, elle a été codifiée par les jurisconsultes musulmans pour former un corpus jurisprudentiel qui sert de référence pour juger les affaires courantes.

Chaque juge est normalement rattaché à une « école juridique » *(madhab)* qui constitue le cadre jurisprudentiel dans lequel il puise les « cas de référence » et les « règles d'inférence » qu'il doit appliquer. Ainsi, il existe quatre écoles juridiques principales au sein de l'islam sunnite (hanafisme, malékisme, chaféisme, hanbalisme) et trois écoles juridiques au sein de l'islam chiite (jafarisme, zaydisme, ismaélisme).

Pour des raisons historiques, chaque région du monde musulman est dominée par l'une de ces écoles juridiques. Ainsi, la majorité des juges en Afrique du Nord et au Sahel suivent les règles et la jurisprudence de l'école sunnite malékite ; ceux du Proche-Orient, la jurisprudence de l'école chaféite ; ceux d'Asie, la jurisprudence de l'école hanafite, et ceux des pays du Golfe, la jurisprudence de l'école hanbalite.

L'EI présente une configuration inédite parce qu'il regroupe des « juges » issus essentiellement des combattants étrangers, qui sont originaires de plusieurs pays musulmans et, par conséquent, de plusieurs traditions et écoles juridiques. On trouve dans ses rangs aussi bien des Tunisiens et des Marocains (école malékite) que des Égyptiens et des Soudanais (école chaféite) ou encore des Turcs et des Caucasiens (école hanafite), des Koweïtiens et des Saoudiens (école hanbalite).

La cacophonie judiciaire qui naît de ces différentes traditions juridiques a conduit l'EI a imposé une version de la charia qui remonte à l'époque d'avant l'apparition desdites écoles juridiques (VIIIe siècle), c'est-à-dire à l'époque des premiers musulmans qualifiés de « pieux prédécesseurs » *(salafs)*. Or, cette version primitive de la charia a été codifiée par le mouvement qui porte le nom de cette période de l'histoire, le *salafisme*, et elle se distingue par son littéralisme dans l'interprétation des textes de référence (le Coran et la Tradition).

Par exemple, là où les écoles juridiques instituées interprètent le fait de « couper la main du voleur », mentionné dans le Coran (5 : 38) de façon métaphorique (empêcher le vol), le salafisme, quant à lui, préconise l'amputation effective de la main afin de dissuader le plus grand nombre de voler. *Idem* pour la flagellation ou encore pour la lapidation, la différence de fond résidant dans le degré de littéralisme dans l'interprétation.

En théorie, l'EI s'inscrit dans la tradition juridique hanbalite, c'est-à-dire la même que celle en vigueur aujourd'hui dans les pays du Golfe, mais en pratique, ses « juges » appliquent une version de la charia composite car elle ne respecte pas les cadres ni les règles de la tradition en question ni d'aucune tradition juridique d'ailleurs. Pis, la plupart de ses « juges » mélangent les traditions pour ne retenir que les jugements les plus « durs » pour chaque cas sans prise en compte des attendus ni du contexte historique. Ainsi, la volonté de « purifier » la société les conduit à mettre en place un système totalitaire où la justice est totalement absente.

20.

Y a-t-il une police dans l'EI ?

Le régime politique de l'EI ne tient que parce qu'il est fondé sur un système policier qui n'a rien à envier aux pires dictatures qu'ont connues les pays de la région, à commencer par l'Irak de Saddam et la Syrie de Bachar. Les dirigeants de l'organisation sont le produit de cette culture policière et, parfois, sont issus de l'ancienne institution répressive des régimes qu'ils combattent aujourd'hui. C'est le cas par exemple de l'ancien chef de l'EI, Abou Omar al-Baghdadi (tué en 2010), qui n'était autre que le responsable de la police du temps de Saddam Hussein (1970-2003).

En conséquence, l'EI n'a fait que transposer « en l'islamisant » le système policier qui était en vigueur sous l'ancien régime irakien. Ainsi, il a mis en place une « police islamique » *(shurta islâmiyya)* qui ne se distingue de l'ancienne police que par sa tenue (noire) et ses méthodes (brutales).

Il convient de noter toutefois qu'aux yeux de la population, la « police islamique » se distingue par trois traits importants.

Le premier est l'absence de procédure, c'est-à-dire qu'il n'existe pas de texte écrit ni de règlement à suivre pour la constatation de l'infraction ni pour l'arrestation des individus. Tout est laissé à l'appréciation du policier, qui peut décider, en fonction de ses propres convictions religieuses, s'il faut arrêter ou non un suspect et s'il faut lui appliquer une amende ou le transférer au « juge islamique ».

La deuxième spécificité est que le « policier islamique » est toujours de garde, même en dehors de ses heures de service. Il a l'obligation d'intervenir à n'importe quel moment pour faire appliquer la « loi islamique » ou demander à un collègue de transférer un suspect au tribunal. En d'autres termes, il demeure investi de « l'autorité publique » en tout temps et en tout lieu. Cette spécificité fait que la population craint toujours qu'il y ait un « policier en civil » dans la foule et vit dans la terreur permanente.

Enfin, la troisième spécificité est que la « police islamique » n'est pas mixte puisqu'il existe des policiers hommes et des policières femmes, chacun s'occupant du sexe correspondant. L'obsession féminine de la « police des mœurs islamique » est l'un des traits les plus marquants relatés par les habitants qui vivent sous le joug de l'EI.

21.

Y a-t-il des documents officiels estampillés EI ?

Tous les documents officiels que l'on peut trouver dans un État reconnu existent au sein de l'EI et ils sont d'une vraisemblance confondante même s'ils ne sont pas reconnus par la communauté internationale. On pense notamment aux « vrais passeports » émis par l'EI mais qui sont en réalité de « faux documents » non acceptés par les autres pays. Mais étant « vrais », ils permettent néanmoins de voyager sans être inquiété. C'est ce qui s'est passé notamment pour certains des kamikazes qui ont frappé à Paris le 13 novembre 2015 et qui sont entrés en Europe avec ce type de « faux vrai-passeport ». Même si l'EI ne reconnaît pas les États existants, il continue d'indiquer la nationalité, soit syrienne soit irakienne, sur les passeports qu'il émet pour que ceux-ci puissent être utilisés sans attirer l'attention des autorités aéroportuaires.

En effet, l'EI ayant pris le contrôle de territoires qui étaient auparavant gérés par l'administration syrienne ou irakienne, il s'est trouvé en possession de toutes les archives et les imprimeries nationales lui permettant de se substituer réellement à l'ancienne administration. À partir de juin 2014, il a émis toutes sortes de documents plus vrais que nature, qui sont par ailleurs indispensables à la gestion des territoires tombés sous sa coupe.

Contrairement à ce que l'on peut penser, les documents officiels les plus importants pour les populations locales concernent leur vie quotidienne, en particulier les documents d'état civil. Qu'il s'agisse de naissances, de mariages, de décès ou d'héritage, c'est l'EI qui délivre le précieux sésame qui permet de donner une existence légale à un nouveau-né, de prouver une union entre un homme et une femme, de constater le décès ou d'enterrer un défunt, enfin de pouvoir partager ses biens entre les héritiers. Tous ces actes essentiels sont délivrés par les autorités mises en place par l'EI et génèrent une bureaucratie propre qui n'a rien à envier à celle de l'ancien régime. Ainsi par exemple, certains parents français dont l'enfant était parti combattre en Syrie ont reçu par la suite un avis de décès estampillé EI.

Les seuls documents officiels qui n'existent pas encore au sein de l'EI sont les accords et les conventions internationaux car aucun État n'en a signé avec l'organisation. On trouve en revanche des documents estampillés EI concernant des accords passés entre divers groupes et organisations implantés dans d'autres pays musulmans comme l'Égypte, instituant la « Province du Sinaï », ou encore la Libye, instituant la « Province de l'Ouest ».

22.

Y a-t-il un système éducatif dans l'EI ?

L'EI accorde une attention particulière à l'« éducation islamique » et met en place des « systèmes éducatifs » propres dès qu'il prend le contrôle d'un territoire, supprimant du jour au lendemain l'éducation existante et limogeant ou exécutant les enseignants réticents à s'engager dans le nouveau système.

Ce système, appelé *madrassa* et hérité du Moyen Âge, est fondé à sa base sur un réseau d'écoles coraniques, installées dans les anciennes écoles gouvernementales, qui prennent en charge l'éducation des enfants « dès qu'ils savent parler », selon l'expression consacrée au sein de l'EI, c'est-à-dire à partir de l'âge de 2-3 ans. Le programme est très simple et consiste à faire apprendre le Coran par cœur aux enfants, par petits bouts puis par sourates entières. Cela passe également par l'apprentissage de l'alphabet arabe et de l'écriture comme préalable au déchiffrement du texte et de la lecture du Coran en autonomie.

Selon les instructions officielles de l'EI, cette phase d'apprentissage s'achève avec la mémorisation du Coran dans sa totalité, sanctionnée par la délivrance d'un diplôme *(shahâda)*. Seuls les meilleurs « apprenants par cœur » peuvent passer au niveau supérieur consacré à l'apprentissage des traditions prophétiques *(hadith)*. Dans ce deuxième niveau sont également introduits des enseignements d'« éducation physique » consistant la plupart du temps en exercices sportifs et en entraînement au tir.

L'EI a également procédé, dès sa prise de contrôle de Raqqa, à une « réforme » de l'enseignement supérieur en instituant une faculté de théologie et une nouvelle faculté de médecine, ayant chacune un programme allégé pour pouvoir répondre aux besoins du Califat en termes de « juges islamiques » et de « médecins qualifiés ».

Enfin, à Mossoul, les « censeurs » de l'EI ont expurgé les bibliothèques municipales et universitaires de tous les livres jugés « anti-islamiques » en les brûlant sur la place publique. Figurent dans cette liste d'autodafés les livres de philosophie, d'art et de langues étrangères, ainsi que tout ce qui a trait au droit positif et au droit international.

Au final, le « système éducatif » mis en place par l'EI s'avère extrêmement pauvre et centré sur l'enseignement religieux. Mais ses concepteurs, étant par ailleurs férus de technologie, encouragent l'utilisation des moyens de communication modernes, ce qui ne manque pas de générer des « chocs cognitifs ». Une génération d'enfants traumatisés vit le matin au Moyen Âge et le soir au XXIe siècle, avec un intermède guerrier entre les deux.

23.

Y a-t-il des enfants-soldats au sein de l'EI ?

Dès sa création, l'EI a appelé les chefs de famille à « émigrer » vers le Califat avec femme et enfants. Il a également encouragé la mise en place d'une « éducation islamique » des enfants et exhorté les mères à les élever dans « l'esprit du djihad », c'est-à-dire de la guerre sainte.

Cette politique guerrière est issue de plusieurs traditions prophétiques incitant, dans les premiers temps de l'islam, à « apprendre aux enfants à monter à cheval, à nager et à tirer à l'arc ». Cette tradition a été réactualisée par l'EI sous forme de « formation militaire » où le pick-up a remplacé « le cheval », le stage d'aguerrissement « la nage » et le tir à la kalachnikov, celui à l'arc.

Jusqu'en 2014, les enfants étaient « formés » mais n'étaient pas « employés » à la guerre. Mais à partir du moment où l'EI a été engagé sur plusieurs fronts et bombardé par une coalition internationale de plus en plus large, il a perdu énormément de combattants (les Américains parlent de 10 000 à 15 000), il a dû pallier ses pertes en puisant dans sa « réserve » de jeunes (entre 10 et 15 ans).

Aujourd'hui, on évalue à plus de 2 000 le nombre d'enfants-soldats engagés dans les rangs de l'EI. Face à l'intensification des bombardements aériens et des batailles au sol avec les forces gouvernementales, le phénomène risque de s'aggraver au cours des prochains mois et années. Mais ce n'est pas tant la force de frappe militaire qui inquiète dans ce phénomène, c'est plutôt la phase d'après concernant la démobilisation et la réintégration de ces enfants-soldats dans la vie normale.

24.

Y a-t-il des femmes combattantes au sein de l'EI ?

Comme dans toutes les organisations islamistes, les femmes sont généralement cantonnées à des tâches domestiques consistant la plupart du temps à s'occuper de leur mari et de leurs enfants. En raison du principe de non-mixité, elles sont également cloîtrées dans les maisons et ne sortent qu'accompagnées d'un membre de leur famille.

Par rapport à cette situation habituelle, l'EI a apporté plusieurs innovations. Tout d'abord, il a institué des « maisons des sœurs » où sont regroupées les femmes dont les maris sont partis combattre pour accomplir les tâches communes : cuisine, linge, ménage, couture, etc. Ce sont également des maisons où sont réunis les enfants en bas âge et les orphelins sous la supervision de ces jeunes femmes, formant ainsi une sorte de crèche et d'orphelinat implanté dans chaque quartier.

La deuxième innovation concerne l'institution d'une « police des femmes » (*shurta nisâ'iyya*), chargée spécifiquement du constat des infractions commises par d'autres femmes. Dans les faits, il s'agit surtout d'une

« police des mœurs féminine » qui s'occupe essentiellement du contrôle de l'habit et du comportement, ainsi que du suivi des jeunes femmes dans les quartiers sous leur responsabilité.

La troisième innovation de l'EI concerne la création, à partir de l'été 2015, de « brigades de femmes », c'est-à-dire d'unités combattantes chargées de défendre par les armes leur quartier. La plus connue de ces « brigades » a été créée dans la ville de Raqqa et appelée officiellement la « brigade Al-Khansa », du nom d'une célèbre poétesse des débuts de l'islam qui avait « sacrifié » ses quatre fils en les envoyant faire le djihad et en les encourageant dans cette voie. Cette brigade a organisé la « défense des femmes », c'est-à-dire le creusement d'abris, juste avant le début des bombardements massifs sur Raqqa à l'automne 2015.

En effet, si l'on en juge par le magazine qui leur est consacré, *Al-Shâmikha* (La Fière), les femmes assument toutes les tâches dévolues aux hommes, mais dans un cadre non mixte. Elles sont censées non seulement se marier et fonder une famille, être de bonnes mères et de bonnes épouses, mais elles doivent également soigner les combattants blessés, s'occuper de la logistique et se battre en cas de besoin.

Dans la propagande de l'organisation, on a vu progressivement apparaître la figure de la femme combattante *(moudjahida)*, que ce soit derrière son ordinateur en faisant la promotion du djihad ou bien sous le drapeau noir de l'organisation en tirant à la kalachnikov. La communication de l'EI vise à faire d'elles des femmes

« libres » et « libératrices » *(sic)* puisque l'organisation assimile l'intervention des forces occidentales à une nouvelle invasion des pays musulmans et appelle les femmes à assumer leur rôle dans la libération des terres de l'islam, comme leurs grands-mères l'avaient fait un demi-siècle auparavant lors des guerres d'indépendance. C'est une innovation qui signe la rencontre entre l'islamisme et le féminisme dans le contexte particulier des guerres actuelles en Syrie et en Irak.

L'expérience de cette première unité combattante, forte d'une trentaine de femmes, a été reproduite dans les autres villes d'Irak et de Syrie sous contrôle de l'EI, mais les « brigades féminines » n'ont jamais reçu l'autorisation de se battre aux côtés des hommes, malgré la demande insistante de certaines cheffes.

PROPAGANDE
ET RECRUTEMENT

25.

Quels sont les supports de propagande de l'EI ?

L'EI possède tous les outils de communication que l'on peut trouver dans un « vrai État », mais leur usage en fait des instruments de propagande redoutables. Si les outils utilisés à l'intérieur des territoires sous son contrôle sont mal connus (radio, télévision, publications), ceux qui sont diffusés à l'échelle internationale *via* l'Internet et les réseaux sociaux ont acquis une notoriété internationale. C'est le cas en particulier du magazine en anglais *Dabiq*, qui possède des versions « locales » : en français *(Dâr al-Islam)*, en russe *(Istok)* ou encore en turc *(Konstantiniyye)*.

Le nom du magazine *(Dabiq)* fait référence à un lieu près d'Alep en Syrie, où, selon la tradition musulmane héritée du Moyen Âge, aura lieu la bataille cruciale de la fin des temps. Comme l'EI a conquis cette partie de la Syrie, il se présente dans sa propagande comme celui qui a réalisé la prophétie, et appelle tous les musulmans à le rejoindre avant le jour du Jugement dernier. Cette référence à l'apocalypse est omniprésente sur tous les supports et sert d'argument de recrutement pour l'organisation.

Plus largement, l'EI fait appel à tous les versets coraniques et traditions à caractère apocalyptique pour inciter ses partisans à s'engager dans le combat final, censé délivrer les musulmans et assurer le règne de Dieu.

La conception du magazine *Dabiq* est de qualité professionnelle. Chaque couverture est illustrée par une photo en pleine page et accompagnée d'un gros titre accrocheur : *Le Califat* (n° 1), *Le Déluge* (n° 2), *L'Émigration* (n° 3), *Les Croisades* (n° 4), *L'Expansion* (n° 5), etc. La photo d'illustration est toujours détournée de son contexte initial et tournée en dérision : la pancarte « Je suis Charlie » tenue par deux musulmans (n° 7), la réunion des chefs de la coalition arabe (n° 9) ou encore les sapeurs-pompiers de Paris après les attentats du 13 novembre 2015, avec ce titre choc : *La Terreur tout simplement* (n° 12).

Comme la couverture, la mise en page intérieure est extrêmement soignée, témoignant du professionnalisme des infographistes et des rédacteurs. L'équipe éditoriale de chaque langue a carte blanche pour rédiger son contenu à partir d'une trame commune.

Enfin, le magazine se clôt avec « les mots de l'ennemi », sorte de revue de presse qui relate l'essentiel de l'actualité internationale. Il s'agit le plus souvent d'extraits de déclarations politiques de ministres, de chefs d'État ou de gouvernement. L'objectif est de mettre en exergue les positions des uns et des autres, en montrant que l'EI poursuit un combat légitime et que la victoire finale sera de son côté.

26.

Comment l'EI utilise-t-il la symbolique islamique ?

La mobilisation des symboles de l'islam est omniprésente dans les écrits et dans les productions audiovisuelles de l'EI. Des chants religieux jusqu'aux communiqués de revendication, en passant par les vidéos de prêches ou de décapitations, partout la symbolique est essentielle et consubstantielle au message véhiculé.

Ainsi la propagande officielle s'appuie sur l'eschatologie islamique pour légitimer son pouvoir et mobiliser ses partisans. Par exemple, l'organisation a choisi de nommer son organe de communication *Dabiq*, en référence à une tradition prophétique qui évoque la bataille de la fin des temps entre les musulmans et les mécréants à un endroit du même nom situé dans la campagne d'Alep. De la sorte, lorsqu'en août 2014 s'est formée la coalition internationale pour lutter contre l'« État islamique », l'événement a été présenté comme un signe divin que la réalisation de la prophétie était proche.

Depuis, le symbolisme islamique est massivement sollicité pour conforter la légitimité du nouveau pouvoir. Outre le drapeau noir emprunté à l'âge d'or du Califat abbasside de Bagdad (750-1258), le mimétisme est poussé jusqu'à son paroxysme dans la présentation des chefs. Ainsi, Al-Baghdadi affirme être un descendant du petit-fils du Prophète (Hussein), condition *sine qua non* pour la majorité des théologiens musulmans pour prétendre au Califat. Les récits concernant la filiation généalogique des chefs de l'EI sont particulièrement importants dans la propagande en faveur de l'allégeance au nouveau pouvoir.

Par ailleurs, la mise en œuvre de la charia sur le mode médiéval, malgré son caractère choquant (lapidation, amputation, décapitation, esclavage, etc.), contribue paradoxalement à renforcer l'image et la cohésion interne de l'organisation. Celle-ci, en faisant la promotion d'une lecture littérale du Coran et d'une imitation stricte des premiers siècles de l'islam, se veut la gardienne d'un retour aux origines, avec une volonté affirmée de purification, tant au niveau individuel que collectif. Toutes les pratiques moyenâgeuses remises au goût du jour sont destinées à conforter l'idée d'appartenance au « groupe des élus » *(al-firqa al-nâjiya)* dont parlait le Prophète et qui devait apparaître juste avant la fin du monde et le Jugement dernier.

27.

Quelle est la symbolique territoriale de l'EI ?

L'EI vise et instrumentalise dans sa propagande trois lieux hautement symboliques : La Mecque (premier lieu saint de l'islam), Médine (deuxième lieu saint) et Jérusalem (troisième lieu saint). Ces trois lieux sont systématiquement représentés dans l'iconographie du groupe et fréquemment cités dans tous les documents alors qu'ils ne font pas partie du « territoire du Califat ».

Cette propagande fait également référence au « siège du Califat », qui désigne Bagdad, la capitale de l'Empire abbasside au Moyen Âge (750-1258). Damas pour sa part est citée essentiellement comme ancienne capitale du Califat omeyyade (661-759), aujourd'hui entre les mains des *Rafida* (Alaouites).

Enfin, le territoire sur lequel s'étend l'EI a retrouvé son nom islamique. Le pays de Cham *(Bilâd al-shâm)* désigne, en effet, l'ancienne province du Califat abbasside qui regroupait la quasi-totalité du Proche-Orient actuel de la Syrie à l'Irak, en passant par le Liban, la Jordanie et la Palestine. Ce retour à l'appellation islamique est central dans la communication interne qui rappelle une tradition prophétique qualifiant le Cham de « terre bénie » ou encore de « terre de la résurrection ». Le fait que ces territoires abritent la sépulture d'un grand nombre de prophètes issus des trois monothéismes et le tombeau de plusieurs compagnons de Mahomet n'a fait que renforcer l'aura des chefs djihadistes et le prestige du groupe qui les a conquis.

Mais le discours destiné à la communauté internationale est tout autre puisque le chef de l'« État du Califat », Al-Baghdadi, a dénoncé dans son prêche d'investiture comme « calife Ibrahim » les frontières arabes issues de l'accord Sykes-Picot (1916) comme l'expression d'une volonté occidentale délibérée de diviser les musulmans pour mieux régner sur toute la région. Symboliquement, le nouveau calife s'est d'ailleurs empressé de créer une nouvelle province, *Al-Fourat*, située à cheval sur le territoire syrien et irakien.

Ce marquage symbolique des discours, des territoires et des actions indique un degré de conscience historique et de sophistication idéologique jamais atteint jusqu'ici par les mouvements islamistes et djihadistes. Ils rappellent amèrement aux tenants du tout militaire que le monde est également guidé par les idées et par les symboles et que la guerre se gagne avant tout dans les cœurs et les esprits des populations locales.

28.

Quel usage l'EI fait-il d'Internet et des réseaux sociaux ?

Internet représente le principal canal de propagande et de recrutement de l'EI, qui utilise l'ensemble des technologies et des outils disponibles, en particulier les fonctionnalités inédites des réseaux sociaux permettant aux internautes d'interagir de façon simple, rapide et anonyme. L'organisation ne met pas seulement à disposition des informations ou des documents *via* ces réseaux, elle y recourt également pour construire une communauté d'individus reliés entre eux par des interactions verbales ou audiovisuelles comme des messages ou des vidéos.

Le fait que la communication ne se fait pas en face à face ne signifie pas que les communautés sont purement fictives ou virtuelles ; bien au contraire, elles ont souvent des prolongements dans la réalité et abritent des activités dont certaines sont illégales ou génératrices de radicalisation ou de délinquance.

En effet, la génération actuelle est nourrie au sein technologique et médiatique, mais elle n'a pas nécessairement l'appareillage critique lui permettant d'appréhender la complexité et le foisonnement des informations qui s'offrent à elle dans le monde virtuel concernant des crises et des conflits bien réels. Aujourd'hui, les outils du Web sont à la portée de tous les apprentis terroristes de la planète, lesquels n'hésitent pas à en faire une exploitation maximale. Aussi, la question de fond posée concernant le terrorisme actuel n'est pas tant celle de la propagande de l'EI dans son ensemble, mais plus précisément celle de son appropriation par les internautes non affiliés à l'organisation. Cet intérêt se manifeste à travers les téléchargements fréquents, les commentaires postés sur les réseaux sociaux au sujet d'un attentat ou d'une vidéo diffusée par l'organisation.

Le fait que l'EI communique dans la plupart des langues internationales fait que tout un chacun peut lire les textes de propagande ou visionner les vidéos postées partout où il se trouve. La question est, par conséquent, celle de l'impact de ce contenu audiovisuel sur les individus qui le consultent régulièrement. On sait en effet, à partir de leurs réactions spontanées, qu'il s'agit là d'un élément clé du processus de radicalisation.

Il existe, à cet égard, un grand nombre d'exemples d'individus qui ont reconnu avoir « consommé » de la propagande djihadiste de façon intensive avant de vouloir rejoindre les rangs de l'EI ou bien de basculer dans le terrorisme. Même ceux qui ne sont pas passés à l'action terroriste expriment, à travers leurs messages ou leurs commentaires postés sur les réseaux sociaux, un malaise et un ressentiment à l'égard de l'Occident qui peuvent favoriser leur basculement dans la radicalisation.

29.

Comment l'EI recrute-t-il en ligne ?

Les déclarations d'allégeance à distance, par voie de vidéo, se sont multipliées avec la montée en puissance de l'EI et sa déclaration du Califat à partir de l'été 2014. Dès lors, des figures du Web sont apparues pour relayer le message de l'organisation et recruter de nouveaux partisans. Elles sont repérables à la fréquence et à la nature de leurs contributions. Dans la plupart des cas, il s'agit d'individus issus des pays européens qui recrutent à distance parmi leurs compatriotes.

Certains de ces recruteurs ne se contentent pas de messages ponctuels mais jouent un rôle prédominant dans l'animation des réseaux et des communautés virtuelles. Ils répondent aux questions des internautes en fournissant des informations pratiques, des éclaircissements théologiques, des documents particuliers ou encore des astuces techniques. Lorsqu'ils ne répondent pas directement à la requête d'un internaute, ils jouent un rôle d'orientation grâce aux conseils qu'ils prodiguent sur les questions posées : recommandations de lectures, de visites de sites Web, de connexion avec d'autres membres, etc. Ainsi par exemple, les demandes d'aide à l'émigration *(hijra)* vers la « Maison de l'Islam » *(Dâr al-Islam)* reçoivent systématiquement une réponse brève de renvoi vers une autre page du réseau sur laquelle l'internaute peut trouver la réponse à sa question.

Enfin, ces recruteurs agissent comme des animateurs de réseaux, reconnaissables au fait que la plupart de leurs messages postés reprennent des informations (sous forme de *retweets* par exemple) ou de réactions à des articles publiés sur l'organisation. Ces modes d'interaction permettent de s'assurer le contrôle discursif du réseau ou de la communauté, en veillant à ce que les thématiques restent centrées sur le djihad et sur les actions des « soldats du Califat ». Aucun autre sujet ne doit détourner les membres de cette préoccupation.

Ainsi, l'étude des réseaux et des communautés associés à l'EI permet de mettre en évidence l'existence d'un système de recrutement élaboré. Ce système, même s'il se déroule prioritairement dans le monde virtuel (sur Internet), possède des prolongements dans le monde réel, lesquels se traduisent par une aspiration à la *hijra* pour prendre part à la lutte armée prônée par l'EI.

30.

Comment l'EI entraîne-t-il ses sympathisants ?

L'EI possède des camps d'entraînement en Syrie et en Irak pour ses combattants locaux, mais l'essentiel de ses combattants étrangers sont invités à s'entraîner chez eux, avant de rejoindre l'organisation, à l'aide de jeux de guerre vidéo. Il s'agit en réalité d'une formation sur simulateur, à distance et en autonomie, grâce à des logiciels performants et à des *scenarii* mis au point par des experts patentés.

Si l'organisation continue à former ses membres aux explosifs dans des camps d'entraînement « à l'ancienne », elle a dû faire évoluer sa doctrine et ses méthodes d'entraînement au combat. La cause essentielle est la pression sécuritaire et militaire qui s'exerce sur elle. Désormais, les stratèges de l'EI estiment qu'il incombe aux membres eux-mêmes de se former personnellement au maniement des armes. Il s'agirait là d'une « obligation individuelle » *(fard 'ayn)*, tout comme l'est devenue l'obligation du djihad depuis que la coalition internationale a ciblé des territoires musulmans.

Cette obligation individuelle de se former isolément et par ses propres moyens n'a été rendue possible que grâce à la multiplication des sites entièrement ou partiellement dédiés aux armes et aux explosifs, à leurs types, à la manière de les fabriquer et de les utiliser dans divers contextes. Sans oublier le « Web profond » *(Deep Web)*, cette face cachée de l'Internet qui offre toutes les ressources nécessaires pour acheter des armes et des explosifs, en toute illégalité et tranquillité.

Bref, la consommation individuelle de matériau djihadiste, librement disponible sur le Web, que ce soit par une recherche personnelle ciblée ou bien au gré d'une navigation aléatoire dans l'océan de vidéos radicales, est le premier stade de l'entraînement. La quantité des données diffusées en ligne est aujourd'hui telle qu'apprendre à utiliser une arme ou à fabriquer une bombe à partir de l'Internet est devenu un jeu d'enfant ou presque. La matière pédagogique ne manque pas pour quiconque voudrait se former à la fabrication des explosifs en tous genres.

Mais si les « consommateurs » de ce matériau en ligne sont majoritairement issus des pays européens et anglo-saxons, les « producteurs » quant à eux se trouvent généralement sur les « territoires du Califat ». Le Web, en raison d'un défaut de régulation internationale, continuera pendant longtemps à alimenter les rangs des organisations terroristes.

31.

Quelles sont les motivations affichées des membres de l'EI ?

Les combattants de l'EI présentent une telle variété de profils qu'il est impossible d'en dresser le portrait-robot. La liste des raisons et des motivations serait trop longue ; elle dépend de l'angle d'analyse : psychologie, sociologie, anthropologie, islamologie, criminologie, etc.

Il n'en reste pas moins que les *motivations géopolitiques* figurent au premier plan des raisons invoquées par les djihadistes pour leur engagement terroriste. Ce type de motivations se traduit par une opposition violente aux politiques étrangères et aux interventions militaires occidentales dans les pays musulmans, perçus comme victimes de l'impérialisme et de l'ingérence étrangère. Parmi les leitmotive entendus, on trouve : la conviction que l'Occident est en guerre contre l'islam et les musulmans, que « l'islam doit être défendu », que les frappes de drones et les bombardements aériens font énormément de victimes civiles, que les Occidentaux doivent être punis pour leur massacre de musulmans, etc.

Ces motivations sont l'émanation d'une doctrine religieuse spécifique axée sur la notion de « djihad défensif » *(jihâd al-daf')*. Dans le cadre de cette idéologie, les actions violentes ou terroristes sont présentées comme un moyen de défense ou de représailles à l'égard des acteurs « anti-islamiques » qui voudraient maintenir la division des musulmans pour mieux les affaiblir et exploiter leurs richesses naturelles. Parfois, ces acteurs « étrangers » sont revêtus d'une identité « chrétienne » (ou « judéo-chrétienne ») pour donner à la lutte armée une dimension religieuse, avec le rappel de l'épisode historique des croisades médiévales. Mais il s'agit en réalité d'actes de vengeance sous prétexte religieux, qui se traduit par une volonté de revanche contre une injustice réelle ou perçue comme telle.

32.

Quels sont les mobiles psychologiques des membres de l'EI ?

La plupart du temps, il existe à l'origine un sentiment persistant d'oppression, de ressentiment ou de colère, à l'égard d'un gouvernement ou d'un État en particulier. Ainsi, la vengeance est explicitement mentionnée dans de nombreux communiqués de revendication de l'EI, comme la principale justification des attentats perpétrés à Paris et ailleurs. C'est le cas notamment des attentats de novembre 2015 où l'organisation estime légitime de venger, par cette action terroriste, les bombardements français en Syrie menés depuis l'automne 2014.

La vengeance apparaît ainsi comme le principal moteur du terrorisme et de sa réaction. Lorsque l'agresseur et la victime sont tous deux partisans de la manière forte, ils appliquent sans discernement les principes implicites de la loi du talion, à savoir : œil pour œil, dent pour dent.

Le problème avec l'EI est qu'il recherche cette confrontation suivant l'aphorisme islamique qui ajoute à l'énoncé initial de la loi du talion : « Le tort incombe à celui qui a ouvert les hostilités » *(al-bâdî azlam)*. L'acte de vengeance est ainsi répété à l'infini et trouve, de surcroît, une justification pseudo-théologique à sa perpétuation.

Or, au niveau individuel, la vengeance semble plutôt provenir de la frustration ressentie face à certains événements touchant aux populations musulmanes en général. Au-delà, des problèmes identitaires peuvent expliquer le basculement dans l'action violente : échec personnel, rejet des autres ou stigmatisation sociale, quête identitaire, recherche d'un sens ou d'un but à son existence, sentiment d'ennui ou de désespoir, volonté de s'affirmer ou de s'identifier à une cause, besoin d'appartenir à un groupe, sens de l'honneur ou de la loyauté envers la communauté, etc.

L'esprit de vengeance contre ce qui est ressenti comme une injustice insoutenable sert de ciment à l'ensemble du groupe, uni par et dans ce désir commun de venger « les frères musulmans » morts sous les bombardements des « infidèles ».

33.

Comment l'EI utilise-t-il le mariage comme moyen de recrutement ?

Les « théologiens » de l'EI ont produit un certain nombre d'« innovations doctrinales » visant à attirer davantage de candidats au djihad et à recruter des jeunes femmes. L'innovation la plus importante concerne l'autorisation du « mariage à distance ». Cette expression est une traduction littérale de la formule arabe *« al-zawâj 'an bu'd »* et désigne toutes les formes d'unions contractées *via* les moyens de communication modernes. Cela concerne en particulier le « mariage par téléphone » et le « mariage par Internet » (Skype, FaceTime, etc.), l'essentiel étant l'échange de consentement entre les futurs époux.

Dans les pays occidentaux, certains citoyens d'origine musulmane et certains convertis à l'islam ont tendance à avoir recours à ce type d'union pour éviter les difficultés administratives et contourner l'obstacle – parfois insurmontable – des visas. Le jeune homme ou la jeune femme contracte ce type de mariage « à distance », puis ils se rendent séparément en Syrie ou en Irak pour s'unir. Mais dans la plupart des cas, il s'agit pour le jeune homme de prendre une deuxième épouse, car le premier mariage se fait rarement à distance et en dehors du territoire contrôlé par l'EI.

Du point de vue djihadiste, le mariage à distance est licite parce qu'il permet d'éviter la fornication, mais de nombreuses voix se sont élevées dans le monde musulman pour dénoncer ce type d'union comme un moyen détourné d'abuser de jeunes filles innocentes avant de s'en débarrasser, voire de les revendre dans des circuits de prostitution masqués.

Il n'en reste pas moins que cette innovation popularisée par l'EI a permis d'attirer de nombreux candidats, féminins et masculins, venus essentiellement des pays européens. À noter que les femmes européennes ne sont pas forcément candidates au départ mais parfois recrutées de manière insistante *via* les réseaux sociaux par des compatriotes djihadistes déjà installés sur place.

Cette innovation a également permis de faciliter et d'accélérer le processus de conversion des candidats hommes non musulmans, car, selon les « théologiens » de l'organisation, il n'est pas permis à une femme musulmane d'épouser ou d'avoir des relations sexuelles avec un homme non musulman, à moins qu'il ne se convertisse à l'islam.

Ces règles permettent à l'EI à la fois d'attirer de nouveaux candidats et d'exercer un contrôle strict sur la sexualité et la vie privée de ses combattants. Ainsi, c'est un fait désormais établi : beaucoup de jeunes hommes, y compris en Occident, sont frustrés sexuellement et rejoignent les rangs de l'EI en raison de sa politique sexuelle et des facilités qu'il met à la disposition des jeunes hommes et femmes pour avoir des relations sexuelles dans un cadre prétendument « islamique ».

34.

Qui sont les « califettes » de l'EI ?

Les « califettes » est le surnom donné aux jeunes femmes qui rejoignent de leur plein gré les organisations djihadistes se réclamant du Califat et qui participent activement à la promotion de l'idéologie et des pratiques djihadistes. Le mot renvoie également à l'« adoration » qu'elles vouent à la personne du « calife », considéré comme le guide spirituel et le sauveur de la communauté musulmane.

Si l'on en croit leurs nombreux tweets et commentaires sur les réseaux sociaux, il existerait plusieurs motivations chez ces jeunes femmes. Certaines rejoignent l'EI parce qu'elles se sentent discriminées et veulent vivre « librement » leur religion, sans aucune forme de « mesures vexatoires » (contre le voile ou la burqa) ; elles disent faire leur *hijra* (émigration en terre d'islam), comme les Juifs font leur *aliyah* (montée, ascension), c'est du moins ce qu'elles prétendent.

D'autres s'enrôlent pour des raisons politiques puisqu'elles veulent participer à la restauration du Califat et à la réunification des musulmans *(oumma)*. D'autres enfin semblent trouver dans l'EI le moyen de mener leur vie personnelle comme bon leur semble puisqu'elles y vont pour se marier, fonder une famille ou encore pour s'occuper des enfants orphelins de la guerre en Syrie. De nombreux témoignages de jeunes femmes françaises insistent sur la dimension « humanitaire » de leur départ, résultat d'un endoctrinement *via* les réseaux sociaux. Quoi qu'il en soit, ces différentes motivations exprimées régulièrement par les « califettes » peuvent parfois s'entremêler ou se recouper pour former un tout confus mais qui semble cohérent dans leur raisonnement.

Avec les bombardements de la coalition internationale depuis août 2014, l'EI a été soumis à une pression militaire très forte et a perdu beaucoup de combattants. De plus, ses partisans en Occident ont été soumis à une pression sécuritaire également forte, qui a réduit considérablement la marge de manœuvre de l'organisation. C'est pourquoi les femmes sont apparues comme une « ressource humaine » utile à la fois pour desserrer l'étau militaire et pour préparer des actions terroristes contre les pays occidentaux. Enfin, en communiquant sur ces « califettes », l'EI veut montrer que son projet politique ne séduit pas uniquement les hommes mais également les femmes, ce qui contribue à renforcer la crédibilité de son action sur le terrain local et international. Celles-ci représenteraient aujourd'hui près de 35 % du nombre total des recrues.

Malgré les protestations des autorités musulmanes partout dans le monde, qui considèrent cette idéologie et les pratiques qui en découlent comme aberrantes et non islamiques, l'EI et les organisations djihadistes apparentées continuent de prospérer sur les ruines des États faillis.

IDÉOLOGIE
ET THÉOLOGIE INTERNE

35.

Qu'est-ce que la *hijra* vers l'EI ?

Le mot *hijra* signifie littéralement « émigration » et *muhâjir*, un « émigré ». Les deux vocables sont encore en usage dans la langue et la culture arabes pour désigner les « émigrés en Occident », mais chez l'EI, ils prennent une tout autre signification. En effet, l'organisation a ressuscité le sens originel du mot *hijra* qui servait, au début de l'islam, à désigner le départ du prophète Mahomet de sa ville natale, La Mecque, où il était persécuté, vers Médine, la ville concurrente qui l'a accueilli à bras ouverts et l'a protégé, avant de lui permettre de reconquérir La Mecque puis de s'imposer comme le chef incontesté de l'Arabie.

De cette « émigration initiale » du Prophète, certains théologiens tardifs ont inféré une « tradition » qui consiste à « émigrer » vers la « Maison de l'Islam » *(Dâr al-Islam)* à chaque fois que les musulmans se sentent persécutés ou sont pourchassés par des régimes non musulmans. Cette « tradition » s'est appliquée notamment lors des grandes invasions médiévales où les musulmans d'Irak et du Levant ont dû fuir/« émigrer » vers l'Égypte et le Maghreb face à l'avancée des armées mongoles.

Plus tard, les musulmans d'Espagne « émigrent » massivement vers le Maghreb face à l'avancée de la *Reconquista* espagnole et fondent des villages entiers sur les côtes sud de la Méditerranée, au Maroc, en Algérie et en Tunisie, avant que les mudéjares et les morisques ne viennent les rejoindre à la suite de l'édit d'expulsion de 1609.

Au XIXe siècle encore, l'émir Abdelkader préfère « émigrer » vers Damas (1855) plutôt que de vivre dans une retraite dorée en Algérie ou en France, sous le pouvoir bienveillant de l'empereur (Napoléon III). La croyance qui prévaut alors est que vivre parmi des non-musulmans est déconseillé parce que cela affaiblirait la foi et détournerait du droit chemin.

Mais l'esprit de « l'émigration vers la Maison de l'Islam » s'éteint au XXe siècle avec les indépendances de l'ensemble des pays à majorité musulmane. Il est remplacé par un mouvement inverse d'émigration économique vers les pays occidentaux, qui marginalise pour quelques décennies l'émigration religieuse, jusqu'à la fin des années 2000.

Le tournant de l'émigration religieuse *(hijra)* intervient avec le Printemps arabe (2011). À ce moment-là, les chefs islamistes jusque-là exilés en Occident pour échapper aux régimes autoritaires et laïques dans leur pays initient un mouvement de réimplantation qui ne cesse de s'amplifier pour toucher des pans entiers de la jeunesse maghrébine : on compte plus 10 000 « retours » vers la Tunisie et autant vers le Maroc entre 2011 et 2014, ainsi que plus de 5 000 départs de Maghrébins vers les pays du Golfe à la recherche d'une vie meilleure.

Lorsque l'EI fait brusquement irruption sur la scène mondiale en 2014, il n'invente rien en réalité mais surfe sur la vague des départs vers le Moyen-Orient. En revanche, il innove en donnant au mouvement une dimension résolument confessionnelle et militante. Il mène ainsi une propagande intensive sur l'internet et les réseaux sociaux en faveur de la *hijra* en insistant sur deux points : d'une part, elle serait « obligatoire » pour tout musulman qui se sentirait « persécuté » en Occident et, d'autre part, il serait le « seul État véritablement islamique » parmi tous les pays arabes.

Les « émigrés de l'EI » sont accueillis à bras ouverts et encouragés à s'établir dans des « colonies » appelées *ribât*, à se marier et à faire beaucoup d'enfants pour « peupler le Califat ». Une allocation mensuelle est prévue pour chaque famille et de nombreuses aides à l'installation, rendant ainsi la *hijra* très attractive pour certains jeunes musulmans d'Occident frappés par le chômage et la marginalisation.

36.

Quelle est la signification des noms de guerre de l'EI ?

On entend souvent les mêmes noms : Abou Bakr, Abou Moussab, Abou Hamza, Abou Iyadh, Abou Layth, etc. Dans les organisations djihadistes, chaque chef et chaque combattant possède un nom de guerre qu'il prend lors de son engagement dans l'organisation, délaissant son identité initiale. L'EI ne déroge pas à la règle : dès qu'un membre nouveau rejoint ses rangs, il change de nom et prend une nouvelle identité qui devient dès lors son véritable nom d'usage à l'intérieur comme à l'extérieur de l'organisation.

Ce nom de guerre est important parce qu'il est le premier – et parfois l'unique – indice par lequel il est possible d'accéder aux perceptions djihadistes. Car ce nom est issu de la tradition arabo-islamique et codé culturellement suivant trois composants principaux.

Tout d'abord, il y a la *kunya* (nom d'usage), généralement composée du préfixe « Abou » (père de), suivi du nom du fils aîné ; par exemple : « Abou Omar » (père d'Omar), « Oum Omar » (mère d'Omar). Le prénom *(ism)* qui vient après « Abou » est généralement donné en hommage à un personnage connu de l'histoire musulmane ;

par exemple, Abou Bakr (premier calife de l'islam), Omar (deuxième calife de l'islam), etc. Il indique parfois le rattachement doctrinal de celui qui le porte : ainsi, « Omar » est un prénom typiquement sunnite, tandis que « Ali » est plutôt chiite, même si tous les individus qui portent ces noms sont des musulmans.

Il y a ensuite le *nasab* (nom de famille), formé d'une succession de noms d'ancêtres où chaque nom est précédé par « Ibn » ou « Bin » (« Bint » pour les femmes). Il indique la filiation généalogique exacte de l'individu concerné. Les Arabes remontent parfois très loin dans l'énumération des ancêtres pour éviter les confusions entre personnes mais aussi pour montrer la noblesse de leurs origines attestées ou supposées : par exemple Muhammad Bin Abdallah Bin Salih Bin Said, etc.

Enfin, il y a la *nisba* (nom d'origine) qui renvoie en principe à la tribu ou au clan (Qurashi, Tamimi, etc.), mais qui désigne aujourd'hui essentiellement le lieu de naissance des individus : Maghribi (né au Maroc), Libi (né en Libye), Masri (né en Égypte), etc. Cette *nisba* est toujours précédée de l'article [al-] et se termine par le suffixe [i] ; elle indique le pays de résidence initiale des personnes, ainsi que leur nationalité d'origine : Al-Masri, Al-Tounsi, Al-Libi, etc.

Le nom de guerre constitue ainsi un système codé et complexe qui présente certaines spécificités culturelles.

La première est qu'ils expriment une intention projetée dans l'avenir et pas seulement la réalité du présent vécu. La deuxième est que ces noms de guerre symbolisent des liens logiques et émotionnels entre des individus engagés dans la lutte armée. La troisième est qu'ils rappellent la mémoire d'un passé qui constitue la référence commune.

Il existe en effet une symbolique élaborée qui se profile derrière les différents noms de guerre. Certes, la seconde partie du nom se réfère – selon la tradition arabe – au pays d'origine (Al-Misri, l'Égyptien ; Al-Yamani, le Yéménite, etc.), mais la première partie (Abou/Abû) renvoie toujours à un compagnon du Prophète ou à des grands noms de généraux ayant marqué l'histoire militaire de l'islam. Mais le point commun à tous ces personnages du passé est qu'ils sont morts au combat *(jihâd)*.

Dans ce domaine, il existe bien sûr des noms plus prisés – ou plus à la mode – que d'autres, selon la brigade d'appartenance et selon le pays d'origine du candidat au djihad. Par exemple, celui d'« Oussama » fut en vogue en référence au prénom de Ben Laden ; celui de « Abou Moussab » fut à la mode du temps de Zarqawi en Irak ; celui de « Hamza » a connu un certain succès lorsque Abou Hamza al-Mouhâjir était à la tête d'Al-Qaïda en Mésopotamie. Aujourd'hui, c'est le prénom « Ibrahim » qui revient en force en référence à celui du chef de l'EI.

Ainsi, les noms de guerre traduisent la psychologie des membres et les tendances internes de l'organisation. Ils permettent une identification de la position hiérarchique, ainsi que de la fonction éventuelle de l'individu dans la structure générale. Car derrière le nom existe un mimétisme historique qui peut se traduire par un mimétisme actionnel, puisque les noms renvoient à une histoire commune, celle des premiers temps de l'islam, perçu comme l'âge d'or de la religion.

37.

Quelles sont les formes de persécution religieuse pratiquées par l'EI ?

La persécution des autres courants musulmans est consubstantielle de l'EI. Fondamentalistes, les partisans d'Al-Baghdadi n'acceptent aucune autre croyance que celle de « l'unicité » *(tawhîd)* et considèrent la voie des « anciens » *(salafs)* comme la seule légitime, ancrant ainsi l'idée de l'existence d'une seule et unique vérité sacrée.

Les autres rites musulmans, qu'ils soient sunnites, ibadites ou chiites, sont taxés de « mécréants » et combattus en tant que tels, c'est-à-dire plus durement que les non-musulmans en raison du risque de sédition *(fitna)* et de corruption de la foi dont les accusent les partisans de l'EI.

À l'intérieur même de l'organisation, des dizaines de partisans sont passés au fil de l'épée à l'occasion de véritables « purges » visant à éliminer les moins fanatiques et à ne garder que les plus soumis à la « ligne doctrinale » de l'EI.

En ce qui concerne les autres religions, c'est-à-dire le christianisme et le judaïsme, l'EI a remis au goût du jour les pires pratiques observées au Moyen Âge, considérant les Juifs et les chrétiens, y compris parmi les Arabes, comme des ennemis de l'intérieur qu'il faut soumettre de gré ou de force. En effet, l'EI leur applique le régime discriminatoire de la *dhimma* (protection) qui consiste habituellement à proposer aux Juifs et aux chrétiens de toute nouvelle ville conquise les trois choix habituels offerts par les conquérants musulmans médiévaux : se convertir à l'islam, quitter la ville, ou payer la taxe spécifique de protection *(jizya)*.

Pour les fidèles des autres religions et les personnes athées, le choix est encore plus restreint puisqu'il consiste à se convertir ou à fuir, sinon tous risquent d'être tués ou réduits en esclavage. C'est ce qui est arrivé à une partie de la communauté kurdophone des Yézidis que l'EI considère comme une secte hérétique non musulmane.

38.

Pourquoi l'EI prône-t-il le djihad ?

L'EI prône le *jihâd* (guerre sainte) parce qu'il estime que l'islam est menacé et que les musulmans (sunnites) doivent être défendus contre les agressions extérieures. Il le justifie également par le fait que l'application de la charia est obligatoire et qu'elle est contrecarrée par divers « éléments subversifs » à la solde des ennemis de l'islam, les Occidentaux.

Pour pouvoir prôner cette version combative du djihad, les « théologiens » de l'EI ont dû évacuer le sens original de la « lutte spirituelle ». Désormais, ils divisent le djihad en deux types, tous deux de nature guerrière : le « grand djihad » qui consiste à combattre les ennemis extérieurs non musulmans, et le « petit djihad », qui consiste à combattre les ennemis intérieurs à la « Maison de l'Islam » *(Dâr al-islam)*.

Dans l'esprit du chef de l'EI, Al-Baghdadi, ce dernier (le « petit djihad ») devait durer peu de temps afin que les « soldats du Califat » puissent se consacrer au « grand djihad ». Or, c'est tout le contraire qui s'est passé en réalité. Les combattants de l'organisation occupent le plus clair de leur temps à guerroyer contre d'autres musulmans à l'intérieur même des « frontières du Califat » (en Syrie et en Irak).

Les ennemis de l'intérieur, désignés d'emblée par Al-Baghdadi à la vindicte de ses partisans, sont les chiites, appelés également *rafidas*, terme péjoratif par lequel le chef de l'EI désigne les musulmans non sunnites, qu'il considère comme des « hérétiques », voire des « mécréants ».

Enfin, l'EI a innové en instituant de nouveaux types de djihad dont les formes les plus connues en Occident sont le « djihad médiatique », expression qui désigne l'effort de propagande en faveur du Califat, ou encore le « djihad maritime », c'est-à-dire l'effort physique pour traverser la mer et atteindre les capitales occidentales « mécréantes », sans parler des actes de piraterie que l'EI encourage sur les côtes yéménites et libyennes.

39.

Pourquoi l'EI s'attaque-t-il aux artistes ?

Dans son communiqué de revendication des attentats du 13 novembre 2015, l'EI a qualifié les spectateurs du Bataclan d'« idolâtres dans une fête de perversité ». Pourtant, la musique et les loisirs de manière générale font partie intégrante de la culture musulmane, qui possède un patrimoine reconnu en la matière.

En réalité, en visant le Bataclan, l'EI veut dénoncer non seulement la mixité permise dans une telle salle de spectacle, où hommes et femmes sont mélangés, mais il s'attaque également à ce qu'il estime être un lieu de perdition et de débauche. En effet, les « théologiens » de l'organisation proposent une interprétation de la religion qui fait de la musique et des loisirs en général une hérésie.

À l'inverse, pour les théologiens classiques, un artiste est quelqu'un qui possède un « don de Dieu », et cette interprétation est majoritaire encore aujourd'hui dans la plupart des pays musulmans. Tous estiment qu'un(e) artiste est gratifié(e) d'un don divin, qu'il s'agisse d'une voix remarquable, de ses qualités de danseur, ou tout simplement de sa beauté physique.

Le raisonnement des oulémas classiques est le suivant : si Dieu a donné à un artiste une voix magnifique, c'est pour donner un aperçu de sa générosité divine. L'art reflète ainsi une infime partie de « l'incommensurable beauté » de Dieu.

Pour l'EI en revanche, c'est totalement l'inverse qui est véhiculé : si Dieu a donné une part de cette « beauté » aux hommes et aux femmes, c'est pour éprouver leur résistance à la tentation et au vice répandu par Satan. En bref, les arts et les loisirs détournent de l'adoration de Dieu et doivent, par conséquent, être bannis de la Cité.

Cette théologie spécifique à l'EI s'appuie sur une interprétation tout à fait particulière du Coran, qui défend une « décentration » de l'humain et une « centration » sur le divin. Par là même, tout ce qui tourne autour de l'humain devient une hérésie : son bien-être, ses préférences, son bonheur, son épanouissement, etc.

Tout est réinterprété à l'aune de cette vision déshumanisée. Pour l'EI, une femme ne chante pas pour faire entendre la beauté de son don divin ; elle chante et danse à l'instigation de Satan pour séduire les hommes. Dans le même esprit, en se consacrant à son art, un artiste se détournerait de l'adoration de Dieu. Pour ceux qui se prennent pour des « créateurs », c'est même pire parce qu'ils défient ainsi Dieu et que leur « créativité » n'est, au final, qu'un ultime blasphème.

40.

Comment l'EI pratique-t-il l'esclavage sexuel ?

Les propagandistes de l'EI rattachent la question de l'esclavage au « droit de la guerre islamique » *(fiqh al-harb)*. S'inscrivant résolument dans la mouvance djihadiste contemporaine, ses combattants considèrent les femmes en général comme des « prises de guerre », c'est-à-dire comme un « butin » *(ghanîma)* à partager entre les vainqueurs.

Ces distinctions se traduisent chez l'EI par des opérations de tri, réalisées par les chefs militaires sur le terrain, après chaque bataille ou ville conquise. Ce tri vise à distinguer les femmes musulmanes, qu'il n'est pas permis de réduire en esclavage car elles sont réputées libres de naissance, des autres femmes, qu'il est permis d'asservir. Le problème est de savoir comment identifier ces dernières.

Pire, même si une femme est musulmane, elle peut se retrouver « concubine » de force ou vendue comme « esclave », parce qu'elle est simplement chiite. Autrement dit, dans la théologie interne à l'EI, seules les femmes sunnites sont considérées comme de « vraies musulmanes » et sont donc potentiellement protégées de la réduction en esclavage.

Mais cela ne les protège pas, pour autant, des abus sexuels et des relations non consenties avec les combattants de l'organisation.

Si la femme captive n'est pas mariée, cela signifie qu'elle est encore vierge, étant donné que les relations sexuelles avant le mariage sont strictement interdites et assimilées à la « fornication » *(zinâ)*. Or, les femmes vierges présentent deux avantages dans la perception djihadiste : non seulement il est possible d'avoir immédiatement des relations sexuelles avec elles (alors que, dans le cas des autres femmes, il faut attendre au moins trois mois pour savoir si elles sont enceintes ou non), mais en plus elles sont perçues par les combattants de l'EI comme un « avant-goût du paradis », étant donné que le Coran (52 : 17) promet des *houris* (vierges) à tout musulman après sa mort, surtout si la mort intervient dans le djihad.

Cette quête de la virginité à tout prix conduit les combattants de l'EI à rechercher les relations sexuelles avec des femmes de plus en plus jeunes, parfois à peine pubères. C'est que, du point de vue de la théologie interne à l'organisation, la « captive » est considérée comme « femme » à partir du moment où elle a ses menstrues.

41.

Comment l'EI traite-t-il les femmes non musulmanes ?

Les relations sexuelles avec des non-musulmanes dans les territoires contrôlés par l'EI sont gérées suivant le statut médiéval de la *dhimma*, qui signifie littéralement « protection », mais qui désigne un régime spécial (discriminatoire) de traitement et de taxation. Ce statut remonte au début de l'islam et stipule que les non-musulmans sont des *dhimmis* (protégés) mais que cette « protection » a un prix, c'est pourquoi ils sont tenus de payer une taxe supplémentaire, la *jizya* (taxe de capitation), que les musulmans ne paient pas.

En vertu d'un accord passé au début de l'Islam par le deuxième calife, Omar (634-644), le statut de *dhimmi* s'applique essentiellement aux chrétiens et aux Juifs, « gens du Livre » résidant en territoire musulman. Mais dans la perception générale des combattants de l'EI, les femmes non musulmanes permettraient d'engranger des « points supplémentaires » pour accéder plus rapidement au paradis. En effet, le fait de les « convertir » à l'islam serait la meilleure garantie d'atteindre cet objectif dans l'au-delà. Cette perception ancrée conduit souvent, après avoir subi des « mariages forcés », à la conversion imposée aux « femmes captives ».

Malgré les efforts des « théologiens » de l'EI pour « réguler » les pratiques sur le terrain en émettant un certain nombre de fatwas destinées à répondre aux interrogations des combattants, les « abus » ont été nombreux et graves. Par exemple, la promulgation d'une fatwa selon laquelle une « femme captive » peut être « battue » pour la corriger mais non « pour le plaisir de son maître » n'a pas empêché les violences extrêmes à l'égard de certaines femmes.

Il en est de même des fatwas visant à « encadrer les unions libres » qui ne semblent pas avoir été suivies de fait sur le terrain, comme en témoigne la multiplication des cas d'« union avec la femme du disparu » *(imra'at al-mafqûd)*. Ce type d'union désigne le concubinage avec une femme mariée dont l'époux a disparu pendant les combats sans laisser de traces. Selon la théologie interne à l'EI, celle-ci peut alors se remarier avec un autre homme (combattant), et son union est jugée légitime et licite.

Mais avec l'extension de la guerre civile en Syrie et les dizaines de milliers de disparitions d'hommes, ce type d'union a connu un grand succès parmi les combattants sans que ceux-ci prennent le soin de vérifier la disparition effective du mari. Or, il arrive que l'ex-époux réapparaisse, après plusieurs mois ou années, alors que la femme a déjà pris un nouveau mari, voire fondé une nouvelle famille. Dans ce cas, la théologie interne à l'EI stipule que c'est à la femme de choisir si elle veut rester avec son mari du moment ou bien si elle souhaite demander l'annulation de son mariage et retourner auprès de son ex-époux.

42.

Comment l'EI traite-t-il les femmes yézidies ?

À la fin de l'été 2014, la communauté internationale a assisté, impuissante, à différentes atteintes graves aux droits de l'homme et, en particulier, à des exactions de type sexuel exercées contre les femmes de la communauté yézidie à Sinjar.

Loin d'être des cas isolés ou le fait de combattants isolés de leur hiérarchie, ces exactions s'inscrivent dans une « politique » pensée et mise en place par l'EI dans tous les territoires soumis à sa domination. Il ne s'agit pas seulement du recours au viol comme arme de guerre, mais aussi d'une véritable « théologie » qui recourt à des avis juridiques et à des arguments théologiques inspirés de la pratique médiévale des armées musulmanes.

Les lignes directrices de cette « théologie » ont d'abord été exposées dans la revue officielle de l'EI, *Dabiq* (n° 4, octobre 2014). Mais pour donner le maximum d'écho à cette publication, l'EI a diffusé, début novembre 2014, dans les grandes villes qu'il contrôle, et notamment à Mossoul (Irak) et à Raqqa (Syrie), des brochures explicatives ayant pour titre : *Questions-Réponses sur les femmes captives*.

Ces brochures pratiques ont été présentées à l'auditoire lors des prières du vendredi et distribuées aux fidèles à la sortie des mosquées. Elles expliquent que le statut de *dhimmi* ne s'applique pas aux Yézidis. Contrairement aux autres religions et confessions, ces derniers sont considérés comme des « hérétiques », voire comme des « mécréants » *(kuffâr)*, ce qui signifie qu'ils ne sont pas « protégés » de toutes sortes d'abus.

Ainsi, selon la théologie interne à l'EI, il est possible et licite de les réduire en esclavage et de traiter les femmes comme des « odalisques » *(jawâri)*, qu'il est possible de prendre comme concubine, de « vendre » ou encore d'« offrir » (*sic*). Selon les « théologiens » de l'organisation, ces femmes esclaves peuvent être également libérées par leur « maître » pour « racheter » un grand péché qu'il aurait commis, tel qu'un homicide involontaire ou un parjure.

Ainsi, si dans le cadre de Boko Haram, le lien entre sexe et terrorisme se traduit par l'enlèvement de centaines de jeunes femmes, qui sont ensuite « mariées » de force aux combattants de l'organisation, la situation est bien pire au sein de l'EI où existe une véritable « politique esclavagiste » qui gratifie les plus méritants parmi les « soldats du Califat » de véritables esclaves sexuelles.

Par certains aspects, les exactions commises contre les Yézidis en général et les femmes yézidies en particulier relèvent du génocide et du crime contre l'humanité, mais il est peu probable que les auteurs de ces crimes puissent être un jour traduits devant la justice.

43.

Qu'est-ce que le « djihad du sexe » au sein de l'EI ?

L'affaire du « djihad du sexe », en arabe *Jihad al-nikah* a débuté au premier semestre 2013, avec la diffusion d'une fausse fatwa, largement relayée à l'époque par les médias du monde entier. Même si ce type de djihad n'existait pas à cette date et qu'il n'y avait eu aucune fatwa officielle allant dans ce sens, le phénomène a connu une propagation fulgurante sur le monde virtuel puis réel.

Car à la base, il s'agissait d'une *fatwa virtuelle* d'origine inconnue, qui conseillait aux femmes de se diriger vers la Syrie pour « soutenir » les hommes au front, en désignant cet engagement comme une forme de *jihâd* (lutte sacrée).

La fatwa était très détaillée puisqu'elle précisait qu'il s'agissait d'une forme de « mariage » par consentement oral et que la relation sexuelle pouvait durer seulement quelques heures « pour remonter le moral des moudjahidine ». Elle mettait également deux conditions à un tel engagement : d'une part, que les engagées féminines soient musulmanes et, d'autre part, qu'elles soient âgées de plus de 14 ans.

Même s'il s'est avéré par la suite que cette pseudo-fatwa était fabriquée de toutes pièces et malgré le démenti catégorique de toutes les autorités religieuses musulmanes, le ministre de l'Intérieur tunisien a été le premier à annoncer, en septembre 2013, qu'au moins 13 Tunisiennes avaient succombé à cette propagande et s'étaient rendues en Syrie pour pratiquer le « djihad par le sexe » au sein de l'EI.

Dans les autres pays arabes, les responsables religieux et les acteurs de la société civile se sont mobilisés pour éviter la propagation du phénomène en expliquant que ce type de djihad n'avait strictement rien d'« islamique » et constituait une manipulation grossière des préceptes de la religion musulmane pouvant mener les jeunes filles au viol et à la perdition. Le responsable théologique de l'Armée syrienne libre (ASL) a même été contraint d'émettre une « contre-fatwa » affirmant que « selon la charia pure, cela n'a rien à voir avec le djihad, c'est de la fornication avérée ».

Ces avis théologiques ont été largement relayés par les médias mais il était trop tard. La propagation virale de la fatwa sur les réseaux sociaux, tels que Facebook, a donné lieu à des centaines de commentaires et de discussions, sur Twitter et autres systèmes de microblogging. Bientôt, le « djihad du sexe » devenait une réalité au sein de l'EI, qui s'est vu contraint de le codifier sous la forme d'un « mariage temporaire » *(zawâj al-misyâr)*, mais cela n'empêcha pas les jeunes femmes qui avaient rejoint l'organisation pour cette raison de changer plusieurs fois de « mari ».

44.

Comment l'EI justifie-t-il les décapitations ?

Comme son nom l'indique, l'EI se présente comme une organisation « islamique » et justifie, par conséquent, toutes ses activités, y compris les plus exécrables, en se référant à « l'islam ». Même si l'écrasante majorité des musulmans ne se reconnaît pas dans son islamisme, il continue d'avancer des justifications théologiques à toutes ses actions et exactions. Pour cela, il recourt à deux sources principales, le Coran (parole d'Allah) et le Hadith (paroles du Prophète), qu'il réinterprète à sa manière et de façon déconnectée de leur contexte historique.

De ce point de vue, la pratique des décapitations représente un cas d'école. En effet, non seulement l'EI la revendique haut et fort parce qu'il estime nécessaire d'appliquer à la lettre les prescriptions coraniques, mais aussi parce que c'était le mode d'exécution le plus courant sous le Califat musulman du Moyen Âge. En combinant le littéralisme textuel au mimétisme médiéval, l'EI veut donner une légitimité religieuse et historique à ses actions, mais il ne fait que présenter une version anachronique de l'islam et une image moyenâgeuse des musulmans.

Dans le détail, le verset coranique le plus fréquemment cité par l'EI pour justifier les décapitations est le suivant : « Lorsque vous rencontrez au combat ceux qui ont mécru, frappez-en le cou » (Coran 47 : 4). De plus, l'EI se réfère à une histoire ancienne citée dans la *Biographie d'Ibn Ishâq* concernant le prophète Mahomet qui aurait, en l'an 627 de notre ère, « fait chercher [les membres de la tribu Qurayza] et les décapita alors qu'ils lui étaient amenés par groupes ».

Les idéologues et les stratèges de l'EI arguent par ailleurs du fait qu'il s'agit là du meilleur moyen de « propagande par l'acte ». Sur tous les fronts, ils notent que la pratique systématique des décapitations « effraie les ennemis et fascine les amis ». Au-delà du prétexte théologique, c'est donc un outil efficace de guerre psychologique et de recrutement de nouveaux combattants. En effet, le recours massif aux moyens de communication modernes, en particulier à l'Internet et aux réseaux sociaux, permet à l'EI de diffuser ses images insoutenables à grande échelle, images qui sont parfois relayées par des médias occidentaux, voire par des hommes politiques inconscients. On sait notamment que la diffusion massive des images de décapitations juste avant la prise de Mossoul en juin 2014 a jeté l'effroi dans les rangs de l'armée régulière irakienne et contribué à la chute de la ville : beaucoup de soldats ont préféré fuir plutôt que de risquer le sort mis en scène dans la propagande de l'EI.

FORCES
ET MODES OPÉRATOIRES

45.

Quelles sont les forces militaires de l'EI ?

L'EI possède une véritable armée qui présente les traits principaux des armées régulières : un arsenal militaire, une organisation hiérarchique, un commandement formé essentiellement d'anciens officiers de l'armée irakienne de Saddam Hussein. La différence majeure avec les autres armées de la région réside dans le fait que l'EI n'a pas d'armée de l'air ni de marine, mais il compense cette lacune en ayant une « armée de terre » nombreuse et performante.

Le nombre de combattants de l'EI varie selon les sources et selon les régions considérées. Au faîte de sa puissance, en juin 2014, lorsqu'il fait la conquête de Mossoul, Al-Baghdadi se vante d'avoir plus de 50 000 combattants. Mais les estimations les plus crédibles tablent plutôt sur 30 000. Mossoul elle-même a été prise avec seulement un millier d'hommes bien armés.

Parmi ces hommes, les combattants étrangers – non irakiens, non syriens – représentent plus de la moitié. Ils sont issus de plus de 80 pays, avec une prégnance des pays arabes et musulmans, mais aussi une présence remarquée des ressortissants des pays européens, qui représentent plus de 5 000 combattants si l'on additionne les chiffres officiels publiés par chaque pays en 2015.

L'essentiel des forces de l'EI est organisé en unités de commandos, avec des brigades spécialisées dans la guérilla urbaine et d'autres dans les actions kamikazes (« brigades des martyrs »). La combinaison de ces deux éléments offre un avantage tactique et a déjà prouvé son efficacité sur le terrain militaire irakien comme syrien.

À cela il convient d'ajouter les forces non combattantes c'est-à-dire les membres de certaines tribus locales complices de l'EI, évalués à quelques milliers, et les sympathisants de l'organisation infiltrés dans les autres villes irakiennes et syriennes non tombées sous le joug de l'EI, qui forment des « cellules dormantes » de quelques dizaines d'individus. En tout, cette « armée de l'ombre » est estimée à près de 5 000 militants.

Fin 2014, le nombre de combattants de l'EI en Syrie était évalué à près de 15 000, mais six mois plus tard, les Américains annonçaient l'élimination d'environ 8 000 combattants grâce aux bombardements aériens et aux frappes de drones ; les Français, l'élimination d'environ 500, et autant pour les autres pays engagés dans la coalition.

Fin 2015, sous l'effet des bombardements massifs de la Russie et de ceux de la coalition internationale, combinés avec les offensives terrestres des armées syrienne et irakienne, les estimations les plus larges tablent sur une « armée de l'EI » qui ne dépasserait pas désormais les 20 000 hommes en tout. Ainsi, en un an et demi d'existence, le Califat aurait perdu un tiers de ses effectifs et autant de son territoire.

46.

Quel est l'arsenal de l'EI ?

L'EI possède certes une armée de combattants déterminés, mais il n'a pas d'usines d'armement ni de production de munitions. Il ne possède pas non plus d'ateliers de réparation du matériel militaire ni de développement de nouvelles armes. Comme par ailleurs il ne bénéficie du soutien d'aucun État reconnu, la quasi-totalité de son arsenal provient en réalité des armées irakienne et syrienne contre lesquelles il se bat quotidiennement.

Déjà du temps de la présence des Américains en Irak (2003-2011), l'EI menait des attaques et des embuscades contre les forces gouvernementales et les forces américaines afin de récupérer les armes et les munitions sur les soldats tués, mais aussi leurs uniformes et leur équipement militaire. Tout cela servait à mener d'autres actions, et ainsi de suite, jusqu'à constituer un arsenal. Parfois, la cible de certaines attaques était décidée en fonction du type d'armement que l'organisation souhaitait récupérer sur l'ennemi pour compléter son arsenal.

Cette tactique de l'insurrection fut reproduite en Syrie par la guérilla anti-régime dès 2011, avec les mêmes résultats, c'est-à-dire que les combattants volontaires étaient équipés essentiellement grâce au matériel récupéré sur les soldats d'active et sur les miliciens armés par le régime syrien. Progressivement, les armes blanches et les bombes artisanales étaient remplacées par les armes de guerre prises sur les troupes régulières.

L'EI innove, à partir de 2013, en ciblant spécifiquement les dépôts de munitions des armées syrienne et irakienne, puis les casernes et les bases militaires où sont stationnées les unités de l'armée, avant de s'attaquer aux aéroports et aux bases aériennes, prenant possession dans certains cas d'avions de chasse que les pilotes du régime n'ont pas eu le temps de faire voler.

À partir de 2014, l'EI cible en Irak les installations militaires, les casernes et les bases qui se trouvent exclusivement dans les régions à majorité sunnite (centre de l'Irak) alors que l'armée est à majorité chiite. Ce ciblage correspond au constat que ces unités étaient stationnées dans des régions qui leur étaient hostiles et se trouvaient, par conséquent, isolées à la fois de leur commandement et de la population. C'est la conséquence directe du limogeage des officiers sunnites de l'armée par le gouvernement chiite et de la politique de confessionnalisation menée par le Premier ministre irakien de l'époque, Nouri al-Maliki (2006-2014).

Lors de la prise de Mossoul en juin 2014, comme de bien d'autres, l'EI a récupéré un arsenal considérable dans les dépôts des armées régulières syrienne et irakienne. Cela va des chars de combat flambant neufs jusqu'aux avions de chasse encore en état de voler, en passant par tous types d'armes lourdes et légères, mais aussi des munitions, des cartes d'état-major, des moyens de communication militaires, des véhicules de transport de troupes et des véhicules de combat, etc.

Une autre ressource non moins importante est celle de l'informatique, car l'EI a également pris le contrôle de l'infrastructure de communication et de centres de commandement équipés avec les dernières technologies. Ayant embrigadé une armée d'informaticiens syriens et irakiens, il a pu mettre en place son propre système de communication et, parfois, mener des attaques cybernétiques qui demeurent néanmoins de portée limitée. En avril 2015, la cyber-attaque qui a visé TV5 Monde, initialement attribuée à l'EI, s'est avérée être l'œuvre des hackers russes protestant, en pleine guerre d'Ukraine, contre le traitement de la crise par la chaîne française.

Comme l'EI a par ailleurs réussi à prendre le contrôle des banques dans les régions envahies dans le centre et le nord de l'Irak, il a pu disposer de l'argent nécessaire pour compléter son arsenal volé sur le marché noir moyen-oriental où pullulent les trafiquants d'armes russes et asiatiques. Ainsi, il n'est pas exagéré d'affirmer que l'EI était, début 2015, mieux équipé que la plupart des armées régulières de la région. C'est pourquoi la coalition internationale va s'attacher prioritairement à la destruction de cet arsenal inédit chez une organisation terroriste.

47.

Quelles sont les tactiques militaires de l'EI ?

Les commandants de l'EI affirment appliquer la tactique guerrière tribale d'*Al-Karr wa al-Farr* (le flux et le reflux ; *fight or flight*, en anglais), qui remonte à la culture militaire arabe et qui a fait ses preuves dans le passé contre les armées coloniales. Cette tactique millénaire consiste à foncer sur l'ennemi pour pénétrer le plus profondément possible son territoire, puis à fuir dès qu'il se met en ordre de bataille pour répliquer, afin de l'entraîner dans une fuite simulée sur un territoire éloigné de ses bases, ce qui permet de mieux l'attaquer et de réduire définitivement ses forces en terrain connu.

En réalité, au-delà du folklore de la propagande, l'EI présente un mode opératoire qui combine les tactiques de guerre des armées régulières et les techniques de guérilla, mais aussi les actions terroristes des groupes clandestins. En dehors de la composante aérienne et maritime qui lui fait défaut, il présente une synthèse de « l'art de la guerre » insurrectionnelle et asymétrique en ce début de siècle.

En effet, ses unités combattantes sont capables de tenir un front et de mener une bataille rangée face à d'autres troupes. Elles appliquent les mêmes tactiques défensives que les armées régulières et ont déjà montré leur capacité à résister pendant des semaines aux tentatives de reprise des villes conquises, à Falloujah comme à Ramadi ou encore à Mossoul.

De plus, lorsque l'EI doit abandonner une position, celle-ci est généralement perdue pour tout le monde car ses unités ont tendance à miner le terrain derrière elles et à tout détruire en partant. Ainsi, les dégâts causés sont démultipliés par le fait qu'il y a plus de victimes après le départ de l'EI que pendant son occupation de la ville. À chaque fois, les morts dans les pièges et les estropiés par les mines se comptent par centaines chez les nouveaux maîtres des lieux.

Enfin, le fait que ses combattants soient prêts à mourir lui donne un avantage tactique qui se traduit par des actions terroristes à la sophistication inédite. L'EI utilise en effet une « armée de martyrs » (kamikazes) qui mène des actions qualitatives et en profondeur dans le territoire de l'ennemi. Cela inclut notamment les attentats suicides concomitants avec l'engagement de sections d'assaut, à partir de plusieurs axes ou points d'entrée, pour prendre le contrôle d'un bâtiment important ou d'un édifice public ou encore pour repousser une offensive terrestre en détruisant le cœur de la cible.

48.

Qui sont les ennemis de l'EI au sol ?

Au sol, l'EI a de nombreux ennemis et peu d'amis. En dehors de certaines tribus sunnites qui n'ont d'autre choix que de le rallier pour éviter d'être massacrées par leurs sœurs chiites, l'EI n'a aucun allié étatique ou soutien des pays de la région. Au fil du temps, il s'est isolé politiquement et diplomatiquement en menant des attentats chez tous ses voisins.

En effet, les ennemis de l'EI au sol sont formés essentiellement des troupes des régimes irakien, syrien et iranien. Ainsi en Irak, il se bat contre l'armée irakienne, à dominante chiite, appuyée par les « milices populaires », également chiites. Même s'ils sont tous arabes, la fracture est de nature confessionnelle et une véritable guerre de religion oppose les deux camps faisant des milliers de victimes par an.

À cela s'ajoutent les troupes kurdes en Irak, appelés Peshmergas, qui sont, quant à eux, des sunnites comme les combattants de l'EI, mais se battent pour des motifs ethniques et non pas religieux, espérant instaurer un « État kurde » sur les territoires conquis.

En Syrie, la situation au sol est encore plus confuse puisque l'EI se bat sur tous les fronts et contre toutes les factions. Ses ennemis sont d'abord les forces de l'opposition armée au régime syrien, pourtant des sunnites comme lui mais affiliés à des groupes qu'il considère comme hérétiques.

Dans certaines parties du territoire syrien, l'EI se bat aussi contre les forces chiites du régime iranien, notamment contre les « Gardiens de la révolution islamique » (Pasdarans), massivement engagés au sol. Enfin, à la frontière syro-libanaise, l'EI affronte les forces du Hezbollah libanais (chiite), également engagé au sol aux côtés du régime syrien (alaouite).

Cette multiplicité des acteurs et des ennemis conduit à des alliances objectives qui font, par exemple, que le régime syrien préfère épargner l'EI, en évitant de l'attaquer de front, pour tirer avantage de son élimination progressive des autres groupes de l'opposition armée et se positionner ainsi comme un rempart contre le terrorisme. Mais dans les faits, c'est la guerre de tous contre tous, et l'EI n'est au final que l'acteur le plus cruel dans une guerre de religion qui ne dit pas son nom.

49.

Qui participe au bombardement de l'EI ?

Dans le ciel, les ennemis de l'EI sont connus : il s'agit des Russes et de la coalition internationale qui mènent, toutes deux, des bombardements massifs et quasi quotidiens depuis août 2014, avec l'objectif affiché de réduire à néant ses capacités militaires et ses sources de financement. Sur le papier, il s'agit de plus de soixante pays, réunis autour des États-Unis, lesquels effectuent néanmoins 90 % des frappes, et où les principaux contributeurs sont la France (4 %), l'Australie, le Canada et la Grande-Bretagne (4 %).

Le reste des frappes (2 %) est mené par les avions de la coalition arabe, réunie autour de l'Arabie saoudite, coalition à laquelle participent activement le Qatar et les Émirats arabes unis.

La Jordanie, qui fait partie de la coalition arabe et internationale, est un cas à part parce qu'elle a non seulement ouvert ses bases à l'aviation américaine et française pour faciliter les bombardements de l'EI, mais parce qu'elle participe également, avec ses propres avions, aux frappes aériennes. Elle a même perdu l'un de ses pilotes de chasse, dont l'avion a été abattu par l'EI en décembre 2014, et qui fut brûlé vif par l'organisation en février 2015, suscitant l'indignation de la communauté internationale et une intensification des frappes jordaniennes.

Enfin, la Turquie a longtemps refusé d'ouvrir ses bases aériennes aux Américains avant de céder en 2015 face à la pression de l'OTAN dont elle est un membre important. Mais fin 2015, la Turquie a déclenché une crise diplomatique avec la Russie en abattant un avion russe qui avait violé son espace aérien. Ce faisant, elle a mis également fin à l'idée d'une grande coalition internationale, incluant la Russie, pour lutter contre l'EI.

À cela, il faut ajouter l'État d'Israël dont l'aviation mène régulièrement des raids aériens jusque dans la banlieue de la capitale syrienne, Damas.

Tous ces pays veulent « détruire l'EI », mais chacun a sa propre stratégie et ses propres objectifs. Dans les faits et malgré le souci de coordination, c'est « l'embouteillage » dans le ciel syro-irakien et les premières victimes restent les civils.

50.

Quelles ont été les principales batailles menées par l'EI ?

Depuis 2014, l'EI mène la guerre sur plusieurs fronts, en Syrie comme en Irak. Si l'on se situe du point de vue de la coalition internationale, les principales batailles concernent les centres urbains dans ces deux pays : Raqqa, Palmyre, Kobané en Syrie ; Falloujah, Mossoul, Ramadi en Irak. Toutes ces villes ont été conquises, et parfois perdues, après des batailles acharnées et suivies au jour le jour dans les médias du monde entier. Elles sont considérées comme importantes parce qu'elles ont donné corps à la construction étatique de ce qui n'était jusqu'alors qu'une organisation djihadiste parmi d'autres dans le chaos syrien.

Le fait que ces villes renferment parfois des trésors ou des monuments historiques inscrits au patrimoine mondial de l'humanité a contribué à donner davantage d'écho aux victoires de l'EI, mais cela a également aligné l'opinion publique internationale contre l'organisation et ses projets d'expansion territoriale au prix de destructions inacceptables et de massacres insoutenables.

Du point de vue de l'organisation, la conquête des villes n'est pas aussi importante que les batailles menées contre d'autres groupes de l'opposition armée ou encore contre certaines communautés considérées comme hérétiques. Car la guerre pour le territoire n'est pas aussi valorisée que la guerre pour le triomphe de la religion dans la perception interne à l'organisation. Partant de là, l'EI a davantage célébré sa « victoire » contre la branche locale d'Al-Qaïda au Levant (ex-Front Al-Nosra) que sa prise de Raqqa. Il a de même fait grand cas de sa conversion forcée de milliers de Yézidis et presque aucune publicité de sa prise de la ville de Sinjar en août 2014 malgré une « gestion » de six mois, avant que celle-ci ne soit reprise par les forces kurdes en novembre 2015.

Enfin, la prise de Palmyre a été davantage fêtée comme le triomphe de l'islam dans une ville « dédiée aux idoles ». Au lieu d'utiliser la ville comme une étape sur le chemin de Damas, étant donné sa position stratégique, l'EI s'est attelé à son islamisation en détruisant méthodiquement les vestiges de la cité antique et en organisant le trafic des antiquités pour mieux la « purifier de l'idolâtrie ». Ainsi, les grandes batailles et les petites victoires dépendent du point de vue où l'on se place, mais, au final, le résultat est le même : les places prises ne sont plus que ruines, désolation et destruction.

51.

Pourquoi l'armée irakienne ne parvient-elle pas à vaincre l'EI ?

Pour comprendre les difficultés de l'armée irakienne face à l'EI, il faut rappeler quelques faits relativement récents.

En 2003, voulant affermir leur mainmise sur le pays, les Américains dissolvent l'armée irakienne et démobilisent tous les soldats, instituant en lieu et place une armée d'occupation censée assurer le maintien de l'ordre et la paix dans la phase transitoire de construction d'une « nouvelle armée » débarrassée de ses anciens cadres « baathistes ».

Ce fut là une erreur majeure et stratégique. En effet, non seulement cette décision va nourrir les rangs de l'insurrection irakienne avec des compétences militaires rares, mais en plus elle va ouvrir la voie à la confessionnalisation de l'armée. Le nouveau gouvernement irakien étant dominé par les chiites, le recrutement qui s'ensuivit des cadres et des troupes a été majoritairement chiite et marginalement sunnite.

Fin 2013, la marginalisation des sunnites est acquise et la majorité des troupes de l'armée sont chiites, c'est-à-dire issues du sud du pays où se concentre cette confession. Lorsque les premiers troubles éclatent à la suite des manifestations dans les régions sunnites du centre et du nord, le Premier ministre irakien envoie ces troupes pour mater la rébellion naissante. Mais l'intervention de l'armée se traduit par des violences à caractère confessionnel.

C'est là qu'intervient l'EI, se présentant comme le défenseur des populations sunnites contre une armée chiite. Rapidement, celle-ci est perçue à la fois comme brutale et confessionnelle, voire clanique. Dans les régions et les villes à majorité sunnite, les unités de l'armée sont cantonnées dans leurs casernes par crainte des représailles.

Plus tard et pour pallier le renversement des rapports de force, l'EI ayant reçu le soutien d'une partie des tribus sunnites, le gouvernement fait appel aux « milices populaires » qui sont alors équipées et formées à la hâte dans l'espoir de l'emporter par le nombre. Mais en réalité, la « nouvelle armée » irakienne n'a ni doctrine ni esprit de corps, les milices chiites étant davantage mues par un esprit de vengeance séculaire contre les populations sunnites.

Enfin, les nouveaux chefs chiites de l'armée irakienne savent qu'ils ne pourront jamais tenir dans la durée des territoires majoritairement sunnites, même s'ils parviennent à chasser l'EI de ces territoires, étant perçus comme « étrangers » à ces régions. Quant aux soldats de base, ils ne savent pas vraiment pourquoi ils se battent et ne sont pas prêts à mourir pour sauver les populations sunnites de l'emprise de l'EI.

Aussi, malgré l'équipement moderne et le soutien des puissances occidentales, le manque de motivation et d'organisation rend toute campagne militaire au sol chaotique et incertaine. C'est pourquoi plusieurs pays, à commencer par les États-Unis, ont fini par décider l'envoi de conseillers techniques et de forces spéciales visant à « soutenir » l'armée irakienne dans sa lutte contre l'EI, mais avec le risque que ces « conseillers » finissent par être perçus de nouveau comme une force d'occupation, à l'instar de ce qui s'est passé entre 2003 et 2011.

52.

Quelle est la stratégie des Kurdes dans la guerre contre l'EI ?

Les Kurdes sont un peuple ancien dans la région et leur identité ethnique est très forte même s'ils sont majoritairement musulmans et sunnites. Depuis plusieurs générations, ils aspirent à la création d'un « État kurde » sur des bases ethniques, mais ils sont éparpillés entre plusieurs pays et traversés par des courants politiques opposés.

D'un côté, il existe un fort « courant autonomiste » qui milite pour la création d'un « Kurdistan » dans le cadre des frontières existantes, c'est-à-dire sur chacun des territoires à majorité kurde d'Irak et de Syrie. C'est le courant dominant dans le « Kurdistan irakien », par exemple, qui a réussi depuis l'embargo de 1991 et la mise en place d'une zone d'exclusion aérienne au-dessus de l'Irak à s'instituer en province totalement autonome, avec son propre gouvernement et sa propre armée (Peshmergas), tout en restant officiellement rattaché à la « fédération irakienne ».

D'un autre côté, il existe un « courant indépendantiste » qui vise à fédérer les populations kurdes éparpillées dans les pays de la région au sein d'un seul et même État « pan-kurde ». C'est le courant dominant parmi les groupes insurrectionnels actifs en Turquie et en Syrie. Ceux-ci voudraient obtenir la redéfinition des frontières suivant le principe du droit des peuples à l'autodétermination et créer un « grand État kurde » qui engloberait l'ensemble des ethnies.

Lorsque l'EI a pris le pouvoir dans le centre et le nord de l'Irak, les dirigeants kurdes y ont vu l'occasion rêvée de faire avancer leurs revendications politiques et territoriales. Alors même qu'ils sont musulmans sunnites comme l'EI, ils se sont immédiatement placés du côté du gouvernement irakien (chiite) et des Occidentaux en offrant d'abord un soutien humain puis en s'engageant carrément dans le combat au sol.

À partir du « Kurdistan irakien », les autonomistes ont mené des offensives majeures contre l'EI, visant à sécuriser leurs frontières avec le « Califat ». Bénéficiant de l'équipement et du soutien militaire de l'Occident, ils mènent une guerre au sol dont ils espèrent recueillir les fruits en cas de victoire sur l'EI par une reconnaissance internationale de leurs efforts aux côtés de la coalition.

En même temps, les indépendantistes en ont profité pour reprendre à l'EI le contrôle de certains postes frontières avec la Turquie, dans l'espoir de faire la jonction avec les combattants du PKK (Parti des travailleurs du Kurdistan) qui essaie de se libérer du joug turc depuis des décennies. Après les batailles médiatisées de Kobané et de Tall Abyad, la jonction entre les Kurdes d'Irak et de Turquie a été symboliquement réalisée, donnant lieu à des transferts d'armes et se traduisant par des actions meurtrières contre l'armée turque de l'autre côté de la frontière.

Pour contrer cette double stratégie, la Turquie a d'abord laissé à l'EI une certaine marge de manœuvre pour éviter l'expansion des troupes kurdes et la prise de contrôle de sa frontière avec l'Irak. Mais l'échec de cette politique l'a conduite à revoir sa position à l'égard de l'EI et à s'engager dans les opérations au sol pour mieux contrôler elle-même le front et la situation aux frontières.

Vu d'Occident, les Turcs semblent lutter contre les Kurdes qui luttent eux-mêmes contre l'EI. Mais vu d'Orient, il s'agit d'une lutte interne entre plusieurs courants islamo-nationalistes, car tous ces acteurs (Turquie, Kurdes, EI) sont des musulmans sunnites qui se battent au nom d'Allah. La seule différence entre eux est leur agenda nationaliste : les Turcs veulent retrouver la gloire de l'ancien Empire ottoman, les Kurdes veulent ériger un État souverain sur les décombres des pays existants, et l'EI veut finir la construction de son « État du Califat ». Face à cette divergence de vues et de stratégies, la guerre risque d'être longue entre ces « frères ennemis ».

53.

Y a-t-il des défections parmi les combattants de l'EI ?

La force de l'EI vient du fait qu'il possède une idéologie de combat et un agenda politique qui constituent des facteurs puissants d'adhésion et de cohésion. En effet, l'idéologie djihadiste (se battre au nom d'Allah) est le fondement de son projet politique visant l'instauration d'un « État islamique ». Cette spécificité fait que les défections au sein de l'EI sont relativement rares.

De plus, l'EI a mis en place un système de surveillance et de coercition qui permet de décourager toute défection. En effet, tout abandon du combat ou même toute critique de « l'armée du Califat » est puni de la peine de mort. Depuis la proclamation du Califat en juin 2014, il y a eu des dizaines d'exécutions visant des combattants qui avaient exprimé des « doutes » ou des « réticences » quant à l'opportunité des grands massacres visant les populations civiles. Ils ont été soit accusés de « trahison », soit d'être des « espions » et pendus en public pour l'exemple.

Ce double système de contrôle par la propagande et de répression féroce des velléités de désertion fait que la « sortie du groupe » est extrêmement difficile. Tous ceux qui l'ont quitté – les « repentis » – témoignent de cette difficulté, à la fois pratique et psychologique. Certes, il est toujours possible de fuir pour les jeunes hommes valides, mais le risque est grand d'être rattrapé et torturé puis envoyé de force au front pour servir de chair à canon.

En réalité, la « sortie » n'est envisageable que dans le respect de l'idéologie et du fonctionnement interne du groupe. Il faut mentir et être convaincant pour espérer échapper à l'emprise des petits chefs de l'EI. En particulier, l'un des moyens les plus efficaces est de faire croire à une volonté de retourner au pays pour mener des attentats au nom de l'EI. Mais le risque est grand d'être, par la suite, poursuivi et exécuté par des agents de l'EI qui voudraient venger la « trahison du groupe ».

54.

Sur quels terrains s'affrontent l'EI et Al-Qaïda ?

Sur le fond, l'EI et Al-Qaïda sont des organisations d'origine sunnite qui s'inscrivent toutes deux dans le courant islamiste radical appelé « djihadisme », car ce dernier est centré sur la notion de djihad envisagé comme « guerre sainte ». Mais historiquement l'EI peut être considéré comme le continuateur d'Al-Qaïda, puisqu'il est né en 2006 de la coalition formée par les combattants d'Al-Qaïda en Mésopotamie (Irak) avec les insurgés d'autres groupes islamistes et nationalistes irakiens.

Il n'en reste pas moins que les deux organisations n'ont jamais réussi à s'accorder sur une idéologie ni sur une stratégie commune.

D'un côté, Al-Qaïda promeut depuis l'époque de Ben Laden un « djihad global » visant prioritairement la « coalition judéo-croisée », qualifiée également d'« ennemi lointain », avec comme objectif de la lutte l'extension de l'islam à une sorte de « Califat universel » qui passe forcément par la guerre totale ou la conversion de tout le monde.

D'un autre côté, l'EI vise depuis sa création un « djihad territorialisé » visant prioritairement l'« ennemi proche », c'est-à-dire les autres musulmans considérés comme des « hérétiques », avec comme objectif, à court terme, la création d'un « État islamique » et, à long terme, l'unification des musulmans sous une même autorité temporelle et spirituelle, le Califat.

Dans un cas (Al-Qaïda), cela se traduit par des attentats ciblant prioritairement les Occidentaux et tentant d'éviter les populations musulmanes.

Dans l'autre (l'EI), cela se traduit surtout par des massacres inter-musulmans, en particulier contre les chiites en Irak et en Syrie. Les attentats contre les Occidentaux ne sont, en réalité, qu'un acte de représailles aux interventions militaires, mais en aucun cas un objectif prioritaire pour l'organisation.

D'ailleurs, la nouvelle déclaration de « guerre contre le terrorisme » a eu comme conséquence une mise en veilleuse des différends entre l'EI et Al-Qaïda. Depuis 2014, les passages de combattants entre les deux organisations sont fréquents, et les deux semblent désormais fonctionner comme des « vases communicants ».

55.

Comment l'EI a-t-il récupéré le « terrorisme révolutionnaire » ?

L'histoire du terrorisme est longue et ses formes, très variées. Depuis la fin de la guerre froide et le déclin du marxisme et du communisme, l'opposition armée sous sa forme islamiste et djihadiste a pris le relais de la contestation radicale du système et occupé, progressivement, dans la perception de certains jeunes, le créneau révolutionnaire tenu naguère par les idéologies de l'extrême gauche radicale.

En l'absence d'une motivation religieuse avérée, parfois même d'une simple connaissance de l'islam, il est fort probable qu'un certain nombre de ceux qui s'engagent, aujourd'hui, dans les rangs de l'EI auraient pu être, hier, membres de groupuscules armés tels que les Brigades rouges italiennes *(Brigate rosse)*, la Faction Armée rouge en Allemagne *(Rote Armee Fraktion)*, plus connue sous le nom de « bande à Baader », ou encore du groupe Action directe en France.

Si les Brigades rouges sont marquées par le mouvement social des années 1970 et ont enrôlé un certain nombre de jeunes ouvriers pour mener leurs actions terroristes, les deux autres groupes, la Faction Armée rouge et Action directe, ont surtout embrigadé des jeunes bourgeois désorientés dans l'après-« mai 1968 ».

Or, depuis 2011, on constate le même phénomène de basculement : la déception de l'après-« Printemps arabe » semble aussi déstabilisante chez les jeunes de culture musulmane, et produit un mouvement aux tendances à la fois utopistes et terroristes. Beaucoup se perçoivent comme « révolutionnaires » et certains d'entre eux sont prêts à renverser l'ordre établi en ayant recours à la violence.

Le terrorisme islamiste possède, certes, des soubassements religieux et une dimension messianique qui le distinguent des autres formes de terrorisme, mais comme les anarchistes ou les indépendantistes de naguère, les combattants de l'EI considèrent aujourd'hui le terrorisme comme la meilleure tactique permettant d'atteindre leur objectif politique de construction d'un État.

D'ailleurs, dans sa propagande, l'EI exploite l'image romantique du combattant révolutionnaire et ses « soldats » posent sur leurs photos à la Che Guevara, avec barbe et béret sur le côté. Car ils se perçoivent comme les nouveaux « combattants de la liberté » contre l'ordre mondial et l'impérialisme occidental.

56.

Quel usage l'EI fait-il du « terrorisme individuel » ?

Le terrorisme individuel désigne le ciblage et l'assassinat d'individus en particulier : hommes politiques, militaires, policiers, intellectuels, journalistes, l'idée étant qu'une fois ceux-ci éliminés, l'injustice ressentie cessera en raison de la peur que ressentiront les autres acteurs de la sphère politique, sociale ou culturelle.

En France, l'exemple le plus emblématique de ce terrorisme pratiqué par l'EI concerne l'assassinat, début janvier 2015, des journalistes de *Charlie Hebdo*. Le caractère « individuel » concerne particulièrement le directeur du journal, Charb, lequel était personnellement visé, depuis plusieurs années, par des menaces de mort en raison de ses caricatures du Prophète jugées « blasphématoires » par les djihadistes.

Mais il n'était pas le seul dans ce cas : début février 2015, une liste de noms d'imams musulmans de France a circulé sur les réseaux sociaux sympathisants de l'EI, les citant comme des cibles prioritaires. En raison de ces menaces, certains imams, comme celui de Drancy, vivent depuis sous protection policière.

Malgré la promotion qui en est faite par l'EI, ce type de terrorisme est, en réalité, d'inspiration anarchiste puisqu'il avait prospéré à la fin du XIXe siècle en visant des personnalités politiques comme le président Sadi Carnot, assassiné en 1894. Mais d'autres attentats anarchistes ou nihilistes ont visé à la même époque des notables, des militaires, des policiers ou encore des prêtres.

Aujourd'hui, l'EI revendique un « droit à la vengeance » et estime légitime de se venger du groupe dans son ensemble, par des actions terroristes individuelles, en réponse aux bombardements aériens dans les pays musulmans.

57.

Comment l'EI inspire-t-il des « loups solitaires » ?

L'expression « loup solitaire » a été popularisée, à la fin des années 1990, par deux militants de l'extrême droite américaine : Tom Metzger et Alex Curtis. Ce dernier a encouragé chaque sympathisant à agir seul pour commettre des attentats, afin que les autres membres de la mouvance ne soient pas incriminés. Il a recommandé explicitement le recours à l'assassinat individuel, aux attentats à la bombe et aux armes biologiques comme moyens d'action efficaces. Curtis a même recommandé que le « loup solitaire » n'ait jamais aucun contact personnel avec le groupe auquel il s'identifie idéologiquement pour éviter toute détection par les services de renseignements.

Metzger, de son côté, a théorisé le concept de « résistance sans chef » (*Leaderless*), fondée sur l'action clandestine d'individus isolés, comme modèle d'action pour l'extrême droite américaine. Il s'opposait en cela à l'esprit associatif des autres organisations qu'il jugeait inefficace et trop facilement repérable par les services de sécurité. Le mode idéal d'action, selon lui, est « l'activisme du loup solitaire » qui attaque seul, en dehors de la meute, par ses propres moyens et quand il juge le moment opportun.

Depuis ces deux théoriciens de l'extrême droite, l'expression « terrorisme de loup solitaire » se réfère aux individus qui appliquent ce mode d'action, c'est-à-dire qui perpètrent des assassinats ou des attentats en dehors de tout groupe ou structure organisée mais qui le font en référence à une idéologie ou à une mouvance en particulier.

En règle générale, le loup solitaire s'identifie à l'idéologie ou au discours du groupe le plus extrémiste mais ne communique pas – ou alors de façon minimale et clandestine – avec le groupe en question. Les tactiques et les méthodes préconisées pour l'action sont exécutées exclusivement par le « loup solitaire », avec parfois un soutien logistique de personnes ignorant tout des projets et des finalités du terroriste.

L'idée a été reprise par l'EI en 2014 et popularisée *via* les publications de l'organisation. Celle-ci appelle désormais à agir sans chef, chacun selon son imagination et ses capacités personnelles mais en suivant un schéma idéologique et des objectifs communs. Ainsi, si un membre sympathisant de l'organisation tombe, il n'en entraîne pas pour autant d'autres dans sa chute. En revanche, s'il réussit son coup, l'EI peut en tirer profit en termes de propagande. Bref, dans cette forme de terrorisme, il s'agit d'assumer seul le risque mais de partager avec l'organisation les bénéfices éventuels. C'est le principe de la « fraternité » dont le fondement se trouve dans la culture djihadiste diffusée par l'EI.

58.

Comment l'EI développe-t-il le « terrorisme urbain » ?

Avec l'EI, fini le temps des maquis et de la clandestinité, place aux actions terroristes parmi la population civile et urbaine. Plusieurs actions terroristes confirment la promotion de ce type de « terrorisme urbain » : c'est le cas des attentats de Paris en janvier puis en novembre 2015. Mais il y a eu également plusieurs tentatives d'attentats avortées dans d'autres villes européennes et nord-américaines.

À chaque fois, les terroristes ont exploité le milieu urbain pour mieux se fondre dans la foule et semer la terreur, tout en essayant de faire le maximum de victimes. Tous ont parié sur la multitude et l'anonymat des grandes métropoles pour ne pas se faire repérer et exécuter leurs actions en toute lâcheté. Ces actions indiquent que l'EI cible prioritairement les villes et les zones urbaines pour avoir un effet démultiplié en termes de psychose et de peur.

Cette orientation stratégique n'est pas nouvelle, elle est inspirée de plusieurs actions terroristes perpétrées dans divers pays, notamment les attaques de Khobar en Arabie saoudite (1996), celles de Louxor en Égypte (1997) et, surtout, celles de Bombay en Inde (2008).

Même si d'un point de vue strictement opérationnel, l'EI n'apporte rien de nouveau par rapport à d'autres types d'attaques armées du même genre, le terrorisme urbain qu'il pratique possède un impact bien plus important en raison de son recours massif aux kamikazes. Loin de mimer le mode de la guérilla urbaine, les « martyrs de l'EI » rappellent plutôt le mode opératoire de la secte médiévale des « Haschischins », appelés « Assassins » en français, dont les membres ont été les premiers terroristes musulmans à utiliser des techniques d'assaut individuel et de propagande par l'action suicidaire.

Aujourd'hui, la médiatisation à outrance, associée au fait que les assaillants se réclament de référents religieux et qu'ils soient prêts à mourir, contribue également à la mythification des actions et des acteurs. Ainsi, pour les propagandistes de l'EI, la « bataille de Toulouse » (mars 2011) et la « bataille de Paris » (novembre 2015) démontrent la possibilité, pour un petit nombre d'individus déterminés, de changer le cours de l'histoire, comme l'a fait Ben Laden en 2001.

59.

Existe-t-il des « cellules dormantes » de l'EI en Occident ?

Le concept de « cellule dormante » est hérité du contexte de la guerre froide (1947-1989), même s'il n'est pas spécifique à cette période de l'histoire contemporaine. Il désignait, dans le vocabulaire des services secrets de l'Est comme de l'Ouest, un réseau d'agents, hommes et/ou femmes, infiltrés dans le pays cible en vue d'y mener des activités d'espionnage ou de sabotage pour le compte d'une organisation clandestine ou d'un pays tiers.

La cellule dormante est composée d'au moins deux membres, mais peut être étendue à des « adjuvants », membres sympathisants qui s'occupent du soutien logistique et de la facilitation des missions, sans nécessairement être conscients de leur contribution aux activités d'une « cellule dormante ». Pour certaines opérations d'envergure, la cellule peut s'étendre à d'autres participants pour atteindre une dizaine de personnes dans certains cas.

La série d'attaques terroristes intervenue dans la capitale française en janvier puis en novembre 2015 a remis de façon dramatique au goût du jour ce phénomène des « cellules dormantes » que l'on avait tendance à oublier. Celles-ci ne sont pas une invention de l'EI, mais l'organisation d'Al-Baghdadi en a fait une arme de choix contre ses ennemis désignés.

Ainsi en janvier 2015, les deux « agents » de l'attentat contre *Charlie Hebdo* étaient membres d'une même cellule et avaient fait partie, dès 2005, d'un même réseau djihadiste d'acheminement des combattants vers l'Irak, alors sous occupation américaine. De plus, tous se connaissaient et avaient également participé à une tentative d'évasion d'un ancien chef du GIA algérien (Groupe islamique armé), groupe commanditaire notamment de la série d'attentats de 1995 à Paris. Par ailleurs, l'un des terroristes (Amedy Coulibaly) s'est explicitement réclamé de l'EI, à la fois dans une vidéo posthume et dans une interview sur BFM-TV le 9 janvier 2015.

Enfin, les attentats suicides de novembre 2015 à Paris ont démontré l'existence d'un véritable réseau formé de plusieurs cellules, dont certaines ont été réactivées avec l'arrivée sur le sol européen du chef du commando, Abdelhamid Abaaoud, infiltré avec d'autres dans le flux des réfugiés syriens fuyant les combats et les bombardements.

En tant qu'agents infiltrés, les membres de la « cellule » évitent de se faire remarquer ou d'attirer l'attention des services de renseignements et de contre-espionnage. Aucun signe religieux distinctif ou comportement spécifique ne distingue les membres de la cellule, qui se fondent dans la masse et passent inaperçus, en agissant toujours sous le radar de la police et du renseignement.

La cellule cesse d'être « dormante » lorsqu'elle est « activée » ou « réactivée » à l'occasion d'une opération. Dans le cas de l'EI, il s'agit souvent d'une « activation unique », c'est-à-dire que la cellule ne « sert » que pour une seule opération et cesse d'exister avec elle. En raison de l'idéologie du « martyre » (suicidaire) qui motive les agents de cette organisation, la cellule est destinée à « s'autodétruire » à la fin de l'opération, c'est-à-dire à mourir dans la confrontation avec l'ennemi ou bien à s'annihiler dans un attentat suicide (kamikaze).

Cet aspect mortifère et/ou suicidaire constitue à la fois la force (les agents infiltrés n'ont pas peur de mourir) et le talon d'Achille de ce type de cellules (elles ne suscitent pas beaucoup de vocations).

Si l'objectif immédiat de l'EI est une cible identifiée, l'objectif à moyen terme est bien plus pernicieux : semer la peur, susciter la psychose dans la société visée et, surtout, instiller la paranoïa et la division dans la nation.

C'est là que réside le plus grand danger des cellules dormantes : l'idée même de leur existence porte atteinte à la cohésion sociale et à l'unité nationale. Elle instille le doute dans les consciences et enclenche la machine infernale de la stigmatisation, de la discrimination et de la violence aléatoire.

AFFILIATIONS
ET CONNEXIONS

La présence d'organisations islamistes terroristes

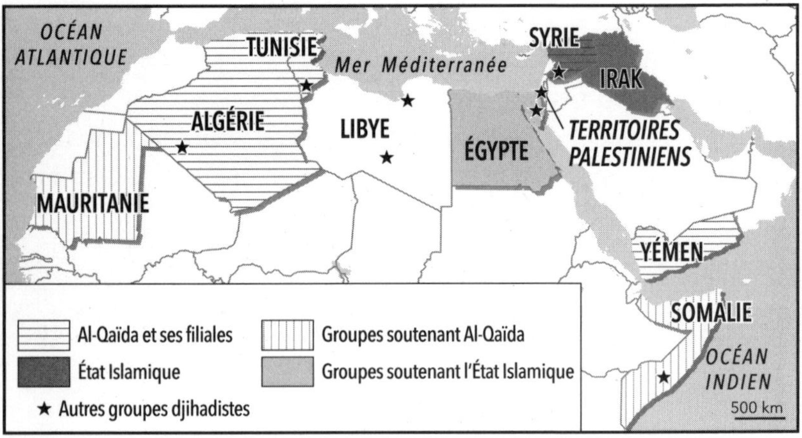

60.

Quel lien existe-t-il entre l'EI et les baathistes de l'ancien régime ?

Le « baathisme », issu du mot *baath* qui signifie littéralement « résurrection », est une idéologie nationaliste arabe née au début du XXe siècle. En Syrie comme en Irak, elle s'est traduite par un parti unique, le parti « Baath » – parfois orthographié « Baas » –, qui a accaparé le pouvoir pendant la seconde moitié du XXe siècle sous la présidence de Saddam Hussein en Irak (1970-2003) et celle de Hafez al-Assad en Syrie (1971-2000).

En tant qu'idéologie nationaliste, le baathisme se bat pour la souveraineté nationale, contre les ingérences et les interventions étrangères. Mais ayant été initié par des Arabes chrétiens, le baathisme est également une idéologie séculière qui refuse les identités religieuses au profit de l'identité nationale.

Le tournant intervient en 2003 lorsque les Américains, après avoir envahi l'Irak, mettent en place un système confessionnaliste qui identifie les Irakiens non plus en fonction de leur appartenance nationale, mais en fonction de leur origine confessionnelle (sunnite contre chiite).

À partir de 2003, les anciens baathistes marginalisés basculent dans la « résistance » contre les Américains pour des raisons essentiellement « nationalistes » : ils ne veulent pas d'une occupation étrangère de leur pays. Mais ils n'ont aucune perspective d'intégration au nouveau système puisque le baathisme a été mis à l'index par les Américains et une politique de « dé-baathisation » a même été mise en œuvre par le gouvernement, avec beaucoup de zèle dans certains cas, ce qui n'a fait à l'époque que renforcer l'insurrection.

La combinaison de la politique confessionnaliste avec cette politique de « dé-Baathisation » a produit des effets désastreux. Elle a accéléré la disparition du nationalisme séculier en Irak tout en donnant une place démesurée aux identités religieuses. Ainsi, en voulant lutter contre « la résistance irakienne », les Américains ont éliminé le seul obstacle qui existait encore face au triomphe de « l'islam politique ».

La suite des événements n'est qu'une conséquence logique de cette politique. Les anciens nationalistes, ayant perdu tout soutien et toute perspective politique, sommés de s'identifier à leur confession (sunnite), ont commencé à rejoindre les rangs de « l'insurrection islamiste », à l'époque encadrée par les djihadistes d'Al-Qaïda en Irak.

Grâce à leur expérience militaire et organisationnelle, les anciens baathistes réussissent rapidement à prendre le contrôle de la plupart des groupes armés et à changer les objectifs et la stratégie de ces groupes en créant un courant islamo-nationaliste puissant. Dès 2006, Al-

Qaïda en Mésopotamie (Irak) fusionne au sein d'une nouvelle entité appelée « État islamique en Irak » (EII) et son chef est désormais un Irakien « de souche » alors que les combattants étrangers étaient jusque-là aux commandes de la « résistance », à l'instar du Jordanien Abou Moussab al-Zarqawi.

Entre 2006 et 2010, le chef de l'EII est un « baathiste pur jus », ancien général de Saddam Hussein, mais l'essentiel de ses lieutenants est issu de la nébuleuse d'Al-Qaïda et la quasi-totalité de ses troupes est composée de djihadistes qui se battent au nom d'Allah et non plus au nom de la patrie ni de l'Irak.

À partir de 2011, Abou Bakr al-Baghdadi, docteur en théologie et nouveau chef de l'EII, met en place une politique de sélection et de promotion interne qui parachève la « réislamisation » de l'organisation et l'élimination du nationalisme irakien. Désormais, même les anciens « patriotes baathistes » se battent pour l'extension du « Califat islamique » parce que Al-Baghdadi a réussi, entre-temps, à faire la synthèse entre les deux idéologies, nationaliste et islamiste, en « ressuscitant » les anciennes frontières de « l'État califal irakien ».

61.

Quels sont les groupes qui ont fait allégeance à l'EI ?

Lorsque le chef de l'EI, Al-Baghdadi, prend Mossoul en juin 2014 et annonce la restauration du « Califat islamique », personne ne pensait qu'il allait enclencher un mouvement de ralliements aussi important, alors qu'aucun pays musulman ne reconnaissait son autorité. Et pourtant, les déclarations d'allégeance se sont multipliées dans les semaines et les mois qui ont suivi sa déclaration.

Ce fut d'abord le Nigérian Abubacar Shekhau, chef sanguinaire de Boko Haram, qui annonça, en août 2014, l'instauration d'un « Califat islamique » sur les territoires qu'il contrôlait dans le nord-est du Nigeria, avant de prêter officiellement allégeance au « calife Ibrahim » (Al-Baghdadi).

Quelques jours seulement après cette annonce, une brigade d'AQMI en Algérie (Kabylie) fait sécession et annonce son ralliement à l'EI, en prêtant allégeance au « calife » en ces termes : « Vous avez au Maghreb islamique des hommes qui obéiront à vos ordres. »

Une semaine plus tard, le 3 octobre 2014 précisément, les djihadistes algériens sont suivis par ceux de Libye. À Derna, le « Conseil consultatif de la jeunesse islamique » (*Majlis Choura Chabab Al-Islam*, MCCI) prête officiellement allégeance à l'EI.

Le 10 novembre 2014, il est suivi par le Sinaï où le groupe djihadiste appelé « Les Défenseurs de Jérusalem » *(Ansâr Bayt Al-Maqdis)* prête allégeance à l'EI et change de nom : il devient officiellement la « Province du Sinaï » *(Wilâyat Sînâi')*.

Dans les mois qui suivent, on enregistre d'autres ralliements de groupes issus de Tunisie, du Maroc, du Sahel, du Pakistan, d'Afghanistan et d'Asie du Sud-Est. Tous ceux qui contrôlent un bout de territoire se déclarent « Province du Califat », les autres se donnent le nom de « soldats du Califat » à tel ou tel endroit.

62.

Quel lien existe-t-il entre l'EI et Al-Qaïda ?

Après l'invasion de l'Irak en 2003, deux courants idéologiques se sont développés au sein d'Al-Qaïda : le courant « djihadiste » qui considère le djihad (guerre sainte) comme une fin en soi ; et le courant « martyriste » qui considère le « martyre » (sacrifice de soi) comme l'ultime objectif de la lutte. Les premiers sont alors désignés, au sein de l'organisation, comme des « moudjahidines » (djihadistes), les seconds comme des *Istishhâdiyyines* (martyristes). Tous se réclament de Ben Laden et se considèrent comme « l'avant-garde » de l'*oumma* (communauté musulmane). Leur influence a varié au cours des deux dernières décennies, mais ils demeurent très actifs dans plusieurs régions du monde arabe (Irak, Syrie, Yémen, Somalie, Maghreb, Sahel).

Après la mort de son fondateur, Ben Laden (2011), Al-Qaïda a perdu du terrain face à la montée en puissance de l'EI. De nombreux combattants et anciens chefs de l'organisation ont rallié Al-Baghdadi. En réaction, le successeur de Ben Laden à la tête d'Al-Qaïda, l'Égyptien Ayman al-Zawâhiri, a annoncé la création de deux nouvelles branches de l'organisation : l'une en Syrie, Al-Qaïda au Levant (AQAL), et l'autre dans le sous-continent indien (AQSI, *Qaïdat al-Jihad fi shibh al-qârra al-hindiyya*), laquelle couvre les 400 millions de musulmans que compte cette région (Inde, Bangladesh et Birmanie).

Dans les deux cas, l'objectif de Zawâhiri est de limiter l'extension de l'EI et de « fixer » les combattants locaux dans leurs régions d'origine. Il veut éviter qu'ils ne rejoignent tous la Syrie et l'Irak, car il est convaincu qu'il s'agit là d'un piège tendu par les Occidentaux pour mieux attirer les djihadistes au même endroit et pouvoir les éliminer plus facilement.

À l'inverse, du côté de l'EI, cette concentration des forces est recherchée ainsi que l'affrontement avec les puissances occidentales. Fort de son expérience irakienne face aux Américains entre 2003 et 2011, Al-Baghdadi veut de nouveau pousser les Occidentaux vers une intervention au sol et mener une guérilla qui permettrait non seulement de renforcer son organisation en unifiant les rangs djihadistes, mais aussi de rallier les populations locales dans sa lutte contre l'occupation étrangère.

Cette divergence de vision et de stratégie entre Al-Qaïda et l'EI s'est traduite parfois par des affrontements armés comme en Syrie, mais la plupart du temps, elle s'est limitée à des manœuvres d'évitement comme en Libye et au Yémen. En revanche, il ne fait aucun doute que toute nouvelle intervention occidentale au sol conduirait à un rapprochement entre les deux organisations. Car les djihadistes considèrent le « *jihâd*/djihad » (guerre sainte, lutte armée) comme une obligation individuelle *(fard 'ayn)* qui s'impose à tout musulman à partir du moment où les territoires musulmans sont envahis et occupés.

63.

Quel lien existe-t-il entre l'EI et AQPA ?

Depuis sa création en 2009, Al-Qaïda dans la péninsule Arabique (AQPA) a revendiqué la quasi-totalité des attentats perpétrés en Occident par des individus qui ont été en contact avec ses chefs ou bien qui sont passés, à un moment ou à un autre, par l'un de ses camps d'entraînement au Yémen, le dernier en date étant celui des frères Kouachi, perpétré à Paris le 7 janvier 2015.

AQPA demeure la plus puissante et la plus active des branches d'Al-Qaïda. Elle est née en 2009 de la fusion des djihadistes saoudiens et yéménites, plus tard renforcés par l'afflux de combattants étrangers.

Mais depuis les mouvements de révolte populaire qui ont conduit à un retrait négocié de l'ancien président Saleh fin 2011, le Yémen est en proie à la guerre civile. Pis, après l'offensive des Houthis et la prise de la capitale Sanaa fin 2014, la détérioration continue de la situation n'est pas sans rappeler le contexte somalien : effritement du pouvoir central, essor des mouvements extrémistes et des seigneurs de guerre, fractionnement du territoire, etc. Bref, la « somalisation » du Yémen semble être en marche et l'EI n'a pas manqué de profiter de la situation pour s'implanter dans les régions sunnites et les grands centres urbains.

Le fait que les gouvernements occidentaux soient davantage préoccupés par la situation en Irak et en Syrie rend la situation encore plus explosive. Au nord, l'Iran soutient la milice chiite (Houthis), tandis que le sud de la péninsule est en train de se transformer en un sanctuaire djihadiste partagé entre Al-Qaïda et l'EI.

Au Yémen, l'organisation d'Al-Baghdadi vise prioritairement le trafic maritime mondial passant par la mer Rouge, le détroit de Bab el-Mandeb et le golfe d'Aden. Celui-ci, déjà attaqué à plusieurs reprises par AQPA, est désormais menacé d'actions de piraterie lancées par l'EI depuis le rivage yéménite.

En raison de cette détérioration de la situation sécuritaire, on craint un nouveau 11 Septembre préparé depuis le Yémen. Car l'EI se renforce à mesure que s'affaiblit le gouvernement central qui se bat sur plusieurs fronts : dans le nord et le centre du pays contre la rébellion des Houthis ; dans le sud, contre une partie des tribus qui remet en cause la réunification du pays négociée en 1990 ; dans le centre et l'est, contre des groupes liés à Al-Qaïda, ainsi que d'autres tribus restées fidèles à l'ancien président déchu, Ali Abdallah Saleh.

Dans les faits, l'EI est en train de supplanter Al-Qaïda au Yémen et bénéficie de l'apport des combattants étrangers qui ne cessent de rejoindre ses rangs au fur et à mesure qu'augmente la pression sur les autres groupes djihadistes en Syrie, en Irak et en Somalie.

L'organisation d'Al-Baghdadi se développe en profitant de l'instabilité politique, de la raréfaction des ressources en eau, du chômage endémique et d'une croissance démographique galopante. En réalité, la question sécuritaire ne fait que masquer la gravité de la situation sociale, politique et économique d'un pays au bord de l'explosion.

Résultat : que ce soit au nord ou au sud, le Yémen est une zone de guerre. Le gouvernement yéménite est contesté par plusieurs groupes ethniques et tribus puissantes. Au nord, la rébellion chiite continue de se renforcer. Au sud, la frustration sociale est grande et plusieurs responsables politiques appellent à la sécession. Partout, le salafisme est très influent et véhicule l'idée que la solution à tous les problèmes de la société réside dans un retour aux sources de l'islam. Les montagnes offrent un refuge attractif pour tous les djihadistes. Bref, il existe un ensemble de facteurs qui font du Yémen un territoire favorable à l'implantation durable d'organisations telles que l'EI et Al-Qaïda, même si la fusion des deux n'est pas encore à l'ordre du jour.

64.

Quel lien existe-t-il entre l'EI et AQMI ?

« Al-Qaïda au Maghreb islamique » (AQMI) est la principale organisation terroriste en Afrique du Nord et au Sahel. Elle est née fin 2006 de l'unification de l'ensemble des groupes islamistes actifs au Maghreb et au Sahara, sous un même commandement affilié à Al-Qaïda. Elle est formée d'un noyau dur algérien issu du Groupe islamique armé (GIA) des années 1990 et du « Groupe salafiste pour la prédication et le combat » (GSPC) des années 2000.

Depuis 2014, AQMI, qui a revendiqué l'attaque de l'hôtel Radisson au cœur de la capitale malienne, Bamako, perpétrée quelques jours à peine après les attentats de Paris, le 21 novembre 2015, vit sous la pression de l'EI qui ne cesse de gagner du terrain et des soutiens dans la région sahélo-saharienne.

Comme en 2011, profitant du chaos libyen et de la faillite du gouvernement central, les combattants de l'EI, alliés à d'autres groupes locaux, ont occupé plusieurs localités et imposé leur loi à la population depuis le début de l'année 2015. À chaque fois, ils ont profité de la rivalité entre les factions tribales et les milices islamistes pour se poser en arbitre de la confrontation et rafler le territoire disputé. Comme en Syrie et en Irak, leurs premières cibles sont les installations pétrolières et les centres névralgiques du pays. De même que leurs « frères » au Moyen-Orient, ils visent la création d'un « État islamique » et se présentent déjà comme une « province du Califat ».

Pendant ce temps-là, Al-Qaïda tente de consolider ses positions au Maghreb pour faire face à la multiplication des groupes dissidents qui ont prêté allégeance au chef de l'EI et pris le nom de « soldats du Califat » en Algérie, en Tunisie, et ailleurs en Afrique de l'Ouest, perpétrant déjà plusieurs attentats contre l'armée et les forces de sécurité.

En théorie, le conflit entre l'EI et AQMI est inévitable, car l'« émirat du Maghreb islamique » a été délimité, à sa création en 2006 par les instances dirigeantes d'Al-Qaïda du temps de Ben Laden, comme s'étendant de la Tripolitaine à l'est jusqu'au Sahara occidental à l'ouest. Il regroupe donc les pays d'Afrique du Nord et du Grand Maghreb.

Mais c'est bien en Libye que se jouera la bataille décisive entre les deux organisations, car l'EI et Al-Qaïda chassent sur les mêmes territoires et aspirent aux mêmes objectifs politiques, à savoir la création d'un « État islamique » qui s'étendrait de la Cyrénaïque au Sénégal.

65.

Quel lien existe-t-il entre l'EI et Boko Haram ?

L'expression « Boko Haram » signifie en haoussa « l'éducation occidentale est un péché ». Le groupe nigérian a été popularisé sous ce nom, mais son appellation officielle – qu'il revendique dans ses publications et communiqués officiels – est bien celle-ci : « Groupe sunnite pour la prédication et le combat » *(Jama'at ahl al-sunna li al-da'wa wa al-jihâd)*.

Boko Haram a été une secte à ses débuts, de 2002 jusqu'en 2009, année au cours de laquelle son fondateur Muhammad Yussuf est tué lors d'une opération de l'armée nigériane, qui fait également un millier de morts dans les rangs de ses partisans. C'est un tournant dans l'histoire de la secte qui dérive alors vers le terrorisme et se restructure comme un groupe d'action *(jihâd)* armée et non plus de prédication islamique *(da'wa)*.

Comme tous les groupes insurrectionnels, il tient la population civile en otage. Celle-ci se trouve sommée de collaborer sous peine d'être massacrée.

De plus, le terrorisme est instrumentalisé à des fins politiciennes internes au Nigeria. À chaque nouvelle élection, les autorités du pays apparaissent partagées et politisent l'enjeu sécuritaire à des fins électoralistes, du côté chrétien comme du côté musulman. Ainsi, en 2015, année électorale, le gouvernement a fait appel à la communauté internationale pour l'aider dans sa lutte contre Boko Haram après l'enlèvement de plus de 200 jeunes filles en avril 2014.

Mais cette volonté d'internationalisation du conflit est également recherchée par Boko Haram, qui n'a cessé de vouloir nouer des liens avec les autres groupes djihadistes en Afrique (AQMI) et au Moyen-Orient (EI). Ainsi, en juillet 2014, Aboubacar Shekhau a félicité le chef de l'EI, Al-Baghdadi, d'avoir instauré le Califat en Irak et en Syrie, puis, deux mois plus tard, il lui a prêté allégeance et déclaré le Califat sur les zones qu'il contrôlait dans le nord-est du Nigeria. C'est que les deux organisations partagent un fonds idéologique commun, le « califatisme », courant panislamiste radical qui prône le retour au Califat.

Désormais, Boko Haram suit la même stratégie d'expansion territoriale que celle de l'EI en Irak et en Syrie. Il applique également les mêmes tactiques de guerre terrorisante et agit comme l'organisation d'Al-Baghdadi sur les zones qu'il contrôle. On peut même parler de mimétisme concernant son chef (Shekhau) par rapport au chef de l'EI. La seule différence entre les deux organisations est que la référence historique personnelle de Shekhau se trouve au Nigeria dans l'épisode historique du « Califat de Sokoto » qui avait fédéré un certain nombre d'« émirats » africains tout au long du XIXe siècle (1804-1903). Mais ce Califat ne survivra pas aux dissensions internes et à la pression externe. Le coup de grâce lui sera asséné par l'arrivée des colons anglais au Nigeria en 1903.

66.

Quel lien existe-t-il entre l'EI et les Frères musulmans ?

En théorie, il ne devrait exister aucun lien entre l'EI et les Frères musulmans (FM), car les deux organisations s'opposent sur le plan à la fois doctrinal, théologique et politique. En particulier, l'EI est une organisation d'essence djihadiste tandis que les FM sont une organisation d'origine soufie, dont le fondateur, Hassan al-Banna (1906-1949), voulait revivifier l'islam confrérique avec une nouvelle spiritualité et une éducation religieuse en phase avec son époque.

Le seul objectif que les FM partagent avec l'EI est leur volonté de restaurer le « Califat islamique », institution supprimée en 1924 par Mustafa Kemal Atatürk, qui deviendra le premier président de la République turque. Mais les FM ont toujours été partagés sur le moyen d'atteindre cet objectif politique. Certains ont refusé catégoriquement toute intervention dans le champ politique, tandis que d'autres ont appelé à « réislamiser » la société par le bas pour résoudre ses problèmes (« l'islam est la solution »), d'autres enfin ont appelé à prendre le pouvoir par la force.

C'est cette dernière tendance des FM, appelée « courant qutbiste » du nom de l'un de ses théoriciens, Sayyid Qotb (1906-1966), qui présente le plus d'affinités idéologiques avec l'EI et qui lui fournit aujourd'hui un certain nombre de combattants en Syrie et en Irak.

En effet, en 2013, après la destitution par l'armée du président Mohamed Morsi, issu des FM, les membres du courant qutbiste rejoignent massivement les rangs des « Défenseurs de Jérusalem » *(Ansâr Bayt al-Maqdis)*. Ce groupe djihadiste égyptien ne tarde pas à faire allégeance à l'EI pour prendre le nom de « Province du Sinaï ». Depuis, la guerre fait rage entre l'armée égyptienne et cette « province » de l'EI, générant des centaines de morts des deux côtés.

En Europe et aux États-Unis, les FM étaient jusque-là engagés sur le terrain social et politique en soutenant les efforts de représentation des communautés musulmanes immigrées présentes dans les pays occidentaux. C'est le cas en France pour l'UOIF (Union des organisations islamiques de France) qui revendique plus de soixante associations et la gestion d'une trentaine de mosquées dans les villes françaises.

Face à la pression des gouvernements occidentaux, une partie de leurs militants s'est radicalisée et a fini par rejoindre les rangs de l'EI, soit en partant en Égypte, soit en Syrie et en Irak.

67.

Quel lien existe-t-il entre l'EI et les panislamistes ?

Les panislamistes sont des islamistes radicaux qui militent pour la restauration du « Califat islamique » aboli en 1924 par Musatafa Kemal Atatürk. Ils estiment que la communauté musulmane ne peut vivre sans calife (successeur du Prophète), c'est-à-dire sans guide spirituel et temporel commun.

Le panislamisme est un mouvement politico-religieux qui remonte au XIXe siècle et qui a d'abord été promu par les sultans ottomans pour maintenir l'unité de leur immense empire face aux élans expansionnistes des puissances française et britannique. Il se renforce après la Première Guerre mondiale, lorsque les nationalistes arabes se sentent floués par la mise en œuvre de l'accord Sykes-Picot (1916) qui met fin aux espoirs d'unité et enterre définitivement le projet de création d'un « grand État arabe libre et indépendant ». En réaction, le panislamisme se présente alors comme un courant de pensée et de lutte anti-colonialiste et anti-impérialiste, visant la restauration du Califat et la réunification des peuples musulmans.

Aujourd'hui, le panislamisme possède des partisans un peu partout dans le monde musulman du Pakistan au Maroc, en passant par l'Égypte et la Libye, mais ses fidèles sont divisés entre deux courants concurrents. D'un côté, ceux qui veulent unifier les « territoires musulmans » sous une même autorité politique dans le cadre d'une « Fédération d'émirats » ayant chacun à sa tête un « émir » (*amîr*). D'un autre côté, ceux qui veulent unifier les « fidèles musulmans » – et pas nécessairement les territoires – sous une même autorité spirituelle dans le cadre d'une « Confédération d'États indépendants » (Union islamique) ayant chacun à sa tête un « gouverneur » *(wâli)*.

Pour parvenir à cet objectif (fédération ou confédération), les uns promeuvent un « djihad déterritorialisé » (Al-Qaïda) qui efface les frontières existantes considérées comme artificielles et imposées par l'Occident pour diviser les musulmans ; les autres sont favorables à un « djihad territorialisé » (EI) qui milite pour l'instauration d'un « État du Califat ».

68.

Pourquoi l'EI est-il qualifié de « takfiriste » dans les pays musulmans ?

Les takfiristes sont des islamistes radicaux qui se distinguent par le lancement d'accusation de *Takfir* contre d'autres musulmans. Ce mot signifie littéralement en arabe le fait de traiter quelqu'un de « mécréant » *(kâfir)* et, par conséquent, de ne pas lui reconnaître toutes les garanties et les protections associées à son statut de musulman. En le désignant comme *kâfir* (mécréant, hérétique), les takfiristes rendent licites son assassinat, l'expropriation de ses biens, ou encore le divorce forcé de son épouse, comme cela s'est passé avec l'universitaire et penseur égyptien Nasr Hamed Abou Zeid en 1995.

Les takfiristes s'inspirent de Sayyid Qotb, l'un des idéologues égyptiens les plus connus de la mouvance islamiste, condamné à mort en 1966 par les autorités égyptiennes. Il est à l'origine de cette forme d'islamisme radical qui procède par « anathémisation » *(takfir)* et qui appelle à la « guerre sainte » *(jihâd)* contre d'autres musulmans s'ils ne suivent pas les enseignements de l'islam ou s'ils n'appliquent pas strictement la charia.

Cette idéologie sera à l'origine de plusieurs groupuscules armés et inspirera de nombreux djihadistes dans le monde, à commencer par les dirigeants de l'EI.

Dans les guerres civiles (Algérie, Irak, Syrie), les takfiristes (anathémistes) ont systématiquement déclaré le djihad aux autres musulmans en les considérant comme des « mécréants » qu'il est licite de tuer selon eux. Ainsi, les takfiristes sont à la fois les initiateurs des massacres et les premiers bénéficiaires des guerres civiles. Leur objectif ultime est la création d'un « État islamique », si possible sous la forme d'un Califat, dans lequel la charia serait strictement appliquée.

Aujourd'hui, les fatwas de condamnation takfiristes sont très nombreuses sur l'internet et les réseaux sociaux. Du point de vue juridique, il s'agit purement et simplement de provocation à la haine et d'appels au meurtre. Mais les auteurs de ces messages ne sont quasiment jamais poursuivis parce qu'ils se cachent derrière des pseudonymes et se fondent dans la masse des utilisateurs anonymes de la Toile mondiale. C'est parmi ces takfiristes que l'on trouve le plus grand nombre d'individus radicalisés, adeptes des assassinats ciblés d'autres musulmans : leurs cibles privilégiées sont les imams modérés, les intellectuels progressistes et les femmes musulmanes libérées.

RESSOURCES ET FINANCEMENT

69.

Existe-t-il un « ministère des Finances » au sein de l'EI ?

Le circuit financier de l'EI est relativement opaque et clandestin, mais il est possible de s'en faire une idée à travers les publications internes de l'organisation. Officiellement, il existe un « ministère » *(dîwân)*, avec un « vizir » à sa tête, chargé de l'administration fiscale. Celui-ci semble avoir à la fois la responsabilité de la perception et celle de la comptabilité générale.

Parallèlement, on relève l'existence d'un « ministère du Budget » *(diwân al-nafaqât)*, chargé des dépenses courantes, et d'un « ministère de la Guerre » *(dîwân al-harb)*, chargé spécifiquement des dépenses relatives aux troupes et au matériel militaire. L'ensemble est rattaché à une sorte de « Trésor public » *(bayt al-mâl)* qui est une administration générale chargée des « entrées » et des « sorties » fiscales.

D'autres subdivisions fiscales sont mentionnées dans les documents de l'organisation, mais elles concernent des « services spéciaux » tels que la réception des impôts fonciers sur les terres *(kharâj)*, la réception de l'impôt de capitation sur les non-musulmans *(jizya)*, la gestion des biens confisqués, les redevances en nature, les dons reçus de la part de bienfaiteurs, etc.

De plus, l'EI a établi une division administrative régionale pour la perception des impôts en vertu de laquelle il existe six « provinces » *(wilâya)* en Syrie et en Irak, directement rattachées à l'administration centrale *(dîwân)*, ainsi que deux « provinces d'outre-mer » en Égypte et en Libye, qui sont rattachées au Califat par un acte d'allégeance, mais qui ne sont pas directement gérées par lui.

Les provinces possèdent chacune une petite administration fiscale semblable à celle du « gouvernement central » de l'EI. Selon les règles comptables internes, elles sont censées lui expédier une partie de leur revenu fiscal qui correspond au « résidu » *(fâ'id)* une fois acquittées les dépenses locales. Mais elles ne sont pas obligées d'envoyer ce « résidu » au fur et à mesure de sa constitution mais uniquement quand l'EI en exprime un besoin urgent.

Dans la pratique, il semble exister un « percepteur » *('âmil)* au sein de chaque « province », chargé des relations avec l'administration fiscale centrale. Ce personnage adresse des lettres de promesse de versement, garantissant les sommes rentrées qui doivent être envoyées par la suite au Califat, et que le *diwân* peut intégrer dans son budget prévisionnel.

Ainsi, l'autonomie de l'organisation fiscale provinciale est avérée et révèle l'importance du poste de « gouverneur » *(wâli)* dans la structure générale de l'EI. Celui-ci décide notamment de l'affectation de l'aumône *(zakât)* qui constitue la recette locale la plus importante et la plus large. En tant qu'impôt musulman, il est intégralement dépensé sur place et affecté à des œuvres de charité telles que l'aide aux veuves et aux orphelins, aux œuvres de solidarité et à l'installation des « émigrés » *(muhâjiroun)*.

L'examen approfondi du système fiscal montre qu'il est relativement décentralisé et fortement inspiré de l'organisation ancienne de « l'État califal », notamment du système primitif des quatre premiers califes dits « bien guidés » (632-661). Ses règles de fonctionnement s'inspirent des traités de l'administration médiévale, dont le contenu est réactualisé au jour le jour par une « bureaucratie théologique » qui ne fait qu'émettre des avis juridiques et des fatwas sur toutes sortes de questions fiscales et financières.

70.

Quelles sont les « recettes islamiques » de l'EI ?

Selon les documents internes de l'organisation, les « recettes islamiques » concernent les sources de revenu suivantes.

Tout d'abord, les impôts appelés par le terme général de « surplus » *(fay')* au sein de l'EI. Ils sont composés de l'impôt foncier *(kharâj)* et de l'impôt de capitation *(jizya)*. En règle générale, l'EI applique un taux de prélèvement de 10 % *(ushr)*, mais il est permis au percepteur *('âmil)* d'en adapter le taux en fonction des situations individuelles et du contexte spécifique à chaque province.

Les revenus du « butin » *(ghanîma)* englobent tout ce que les combattants de l'EI peuvent prendre sur l'ennemi (razzia, pillage) et qui a une valeur pécuniaire (vendable, négociable). Un taux de 20 % *(khums)* est appliqué à ces biens et affecté aux « émigrés qui ont tout laissé derrière eux » et aux invalides de guerre.

Les revenus de l'aumône obligatoire *(zakât)* et de l'aumône optionnelle (*sadaqa*), dont le taux est laissé à l'appréciation du « gouverneur » *(wâli)*, sont destinés aux orphelins, aux veuves et aux vieillards.

Les revenus des « biens des apostats », expression par laquelle l'EI désigne les biens récupérés dans les maisons de ceux qui ont fui les combats ou qui se sont réfugiés dans le « territoire de l'ennemi », qu'il s'agisse des régions encore sous contrôle du régime ou bien des pays étrangers.

Les successions des combattants décédés pour lesquels le « Trésor public » est considéré comme un « héritier universel ».

Toujours selon la documentation interne de l'EI, l'ensemble de ces revenus est hiérarchisé au moment de son affectation, rendant certaines dépenses prioritaires par rapport à d'autres. Trois catégories de dépenses ont une priorité absolue : les soldes des combattants, le traitement des fonctionnaires, les achats d'équipements militaires.

Les autres dépenses dépendent de l'existence des fonds nécessaires après avoir satisfait aux dépenses prioritaires mentionnées précédemment. Il s'agit notamment de l'entretien des « prisonniers de guerre » (otages, détenus) et de la réparation des dommages aux installations et aux terres, causés par les combats ou les bombardements.

Enfin, la documentation interne de l'EI précise qu'il est strictement interdit d'affecter les fonds récoltés à des activités interdites par la charia comme les jeux de hasard ou les activités de loisir.

71.

Comment l'EI a-t-il pris le contrôle des banques ?

Lorsque les forces spéciales américaines tuent, en décembre 2015, le « secrétaire d'État aux Finances » de l'EI en Syrie, Abou Salah, elles récupèrent une documentation précieuse qui éclaire d'un jour nouveau le fonctionnement de l'organisation et ses circuits de financement. Grâce à cette documentation, il apparaît notamment que les banques occupent une place centrale dans le dispositif.

En effet, l'EI semble avoir ciblé les banques très tôt. Outre les braquages réalisés par ses commandos dans diverses localités pour financer ses activités et pouvoir se constituer un « trésor de guerre », ses chefs ont mis en place une véritable stratégie visant une prise de contrôle des banques à grande échelle.

Le cas de Mossoul, deuxième ville d'Irak avec ses deux millions d'habitants, est le plus connu et le mieux documenté. Conquise par l'EI en juin 2014, elle a été le principal « laboratoire financier » de l'organisation.

Tout d'abord, l'EI a visé le siège de la Banque centrale irakienne (BCI) dont les dépôts à Mossoul s'élevaient, à l'époque, à près d'un demi-milliard de dollars. La prise de contrôle de la BCI a immédiatement fait de l'EI l'organisation terroriste la plus riche au monde, mais cela lui a surtout permis de prendre possession de l'ensemble des documents et des outils qui permettent de frapper la monnaie. En d'autres termes, elle a pu continuer à réguler le marché et à émettre des billets de banque (le dinar irakien), c'est-à-dire à mettre en place une politique économique et financière.

Certes, l'EI a imposé du jour au lendemain des principes nouveaux de « finance islamique », interdisant notamment la pratique de l'usure[1], mais cela n'a pas particulièrement modifié les règles de fonctionnement des banques, car ces principes étaient déjà plus ou moins en vigueur, à l'instar des pays voisins, et étaient globalement favorables à la population et à l'économie locale.

En réalité, l'EI a agi à l'égard des banques comme une véritable force d'occupation mais en veillant à ne pas perturber le fonctionnement de l'ancien système financier. À aucun moment il n'a limogé l'ensemble des employés des banques ; bien au contraire, il a veillé à se faire discret et à ne pas déranger le fonctionnement des institutions. En règle générale, seul le directeur de la banque et ses adjoints ont été remplacés ou exécutés lorsqu'ils refusaient de « collaborer » avec l'organisation. Pour le reste, rien n'a changé dans la structure ni dans l'organisation du travail.

1. La pratique de l'usure *(ribâ)* est proscrite en islam, ce qui se traduit par une interdiction des taux d'intérêt dans les banques dites islamiques.

Enfin, l'EI a mené une campagne de communication/propagande visant à « moraliser la finance ». Cela signifie qu'il a demandé aux employées femmes de porter le « voile islamique » pour éviter toute « tentation du public ». Il a également donné des instructions aux nouveaux directeurs de banque pour suspendre momentanément leurs activités aux heures de prières afin de permettre aux employés d'accomplir leur « devoir envers Dieu ».

D'autres mesures prétendument « islamiques » ont été introduites par l'EI comme, par exemple, le prélèvement obligatoire d'une contribution spéciale à l'effort de guerre, versée au « Trésor public » *(bayt al-mâl)* ou la « collecte de l'aumône » *(jam' al-zakât)* pour tous ceux qui le souhaitent, etc. Mais dans l'ensemble, rien n'a changé sur le fond : pendant les premiers mois, les banques des territoires occupés par l'EI ont même continué à recevoir de Bagdad les transferts correspondant aux salaires des fonctionnaires de l'administration fédérale.

72.

Comment l'EI finance-t-il concrètement ses activités ?

Les ressources financières de l'EI étaient évaluées à plus de 2 milliards d'euros en 2015. Cela en fait l'organisation terroriste la plus riche du monde. À titre de comparaison, les talibans afghans gèrent un « budget » d'à peine 400 millions, les shebabs somaliens d'environ 100 millions et le groupe nigérian Boko Haram de moins de 10 millions.

Dans le cas de l'EI, il existe deux grands types de sources de revenus. D'une part, il y a les sources internes, issues de la taxation et de la spoliation des populations locales, des trafics en tous genres et des rançons exigées pour libérer des détenus ou des otages. D'autre part, il y a les sources de financement externes qui proviennent des dons des sympathisants, ainsi que des transferts d'argent vers les territoires passés sous le contrôle de l'EI.

Dans le détail, la TVA et les taxes foncières représentent près de 10 % des ressources générales internes, ainsi que la vente des produits dérivés et des produits de construction tels que le ciment (10 %). Les produits agricoles, blé et orge essentiellement mais aussi coton, rapportent tout autant (10 %). Enfin, les rançons de kidnappings et les dons de particuliers représentent environ 5 % des ressources.

Mais l'essentiel des revenus provient de la vente de gaz naturel et de pétrole. En effet, après la conquête de larges territoires en Syrie et en Irak, l'EI s'est empressé de remettre en marche les installations endommagées par les combats et de vendre à des intermédiaires le produit des gisements dont les revenus allaient auparavant dans les caisses de l'État syrien ou irakien.

Agissant sur ces territoires comme un véritable État, l'EI gère les ressources naturelles des zones sous son contrôle à travers un « ministère de l'Énergie » *(dîwân al-rakâ'iz)*. Selon les documents internes à ce « ministère », il y aurait 27 puits de pétrole exploités en Syrie, dont la moitié est située dans la province de Deir Ezzor. Ces puits produisaient, en 2015, un million et demi de barils par mois et rapportaient à l'organisation plus de 90 millions d'euros. Au total, l'EI affiche dans son « budget annuel » plus d'un milliard de revenus issu du pétrole, ce qui représente plus de 40 % de ses ressources.

Consciente de l'importance de cette manne financière pour la survie de l'organisation, la coalition internationale a procédé au bombardement systématique des puits puis des camions-citernes qui permettent l'acheminement de cet hydrocarbure vers les trafiquants de la région. Fin 2015, l'EI ne gérait plus que quelques puits artisanaux, sans disposer de véritable capacité de production ni de commercialisation.

73.

Comment l'EI gère-t-il le trafic du pétrole ?

Le pétrole constitue la principale ressource de l'EI, génératrice à la fois de liquidités (cash) et de devises (monnaies étrangères). Mais à partir de 2015, c'est une ressource qui est devenue risquée à produire et difficile à commercialiser. En effet, si en 2014 l'EI a pu tirer des revenus confortables du pétrole, c'est parce qu'il possédait encore certaines installations en état de fonctionnement et qu'il pouvait s'appuyer sur une logistique bien rodée.

Mais ce temps-là est révolu en raison des bombardements incessants des installations et du ciblage systématique des camions-citernes qui servent au transport du pétrole. Fin 2015, il n'existait plus que quelques puits encore en activité, exploités de façon artisanale et destinés à la consommation locale, notamment pour le transport des troupes et le chauffage durant les mois rigoureux d'hiver.

Aussi, la gestion de la manne pétrolière s'est déplacée de l'EI vers le marché noir. Ce dernier est une véritable institution, charriant une activité florissante qui représente l'essentiel de l'économie en Irak comme en Syrie.

Pour la Syrie, la guerre civile a contribué à l'essor d'un « marché souterrain », au sens propre et figuré, où tout peut s'acheter et se vendre. Sur ce marché, les acteurs n'ont rien d'islamistes ni de djihadistes, ce sont des profiteurs de guerre et des marchands de la misère.

En Irak, l'embargo imposé au pays de 1991 à 2003, puis l'occupation américaine de 2003 à 2011 ont profondément déstructuré l'économie du pays – en dehors du secteur des hydrocarbures – et contribué à la naissance d'une « économie parallèle » qui représente depuis longtemps le cœur et le moteur de l'activité.

Ainsi se sont développés, au cours des vingt-cinq dernières années, des réseaux informels, des intermédiaires et des facilitateurs, mais aussi des acteurs mafieux et des organisations criminelles qui ont ajouté à l'anarchie ambiante les ravages de la corruption. Il en résulte un paysage économique où il est possible de tout acheter, au sein même des structures de l'État et de l'armée.

Le pétrole étant une denrée essentielle à l'ensemble des autres activités, il est au cœur de cette économie grise et chaotique mais extrêmement lucrative. Aussi, depuis le changement de contexte militaire et sécuritaire, l'EI a abandonné la gestion directe du trafic de pétrole et se contente de prélever une taxe symbolique sur les territoires qu'il contrôle encore. Pour le reste, il a cédé aux acteurs locaux le soin de gérer leurs grandes affaires et petites magouilles.

Ce changement de stratégie complique la lutte contre le financement de l'EI, car il est difficile de « tracer » le circuit financier. L'argent se perd dans les arcanes des organisations criminelles et des réseaux mafieux transnationaux. Une bonne partie du pétrole de l'EI est en effet généralement commercialisée dans les marchés noirs des pays voisins, en particulier dans la Turquie voisine et même en Iran.

Enfin, cette activité étant dépendante du cours du pétrole, le coup le plus dur pour les finances de l'EI n'est pas venu, en réalité, des frappes de la coalition internationale visant ses installations et ses camions-citernes, mais de la baisse drastique du cours du brut. En un an, le baril de pétrole a perdu plus des deux tiers de sa valeur, chutant de 100 dollars fin 2014 à 30 dollars fin 2015. Comme l'EI « cassait » le marché pour pouvoir écouler plus rapidement son pétrole, il a perdu d'autant, et ses revenus paraissent insignifiants un an plus tard. C'est ce qui a amené les stratèges de l'organisation à conseiller un ciblage des États-Unis et de l'Arabie Saoudite et cela afin de faire remonter les cours du pétrole et retrouver les revenus d'antan.

74.

Comment l'EI gère-t-il le business des otages ?

Le recours au kidnapping et au rançonnement des locaux ou des étrangers n'est pas spécifique à l'EI, mais très fréquent chez l'ensemble des groupes insurrectionnels et des organisations terroristes. La seule spécificité des groupes islamistes est que la question se pose dans une optique religieuse, en ce sens qu'elle reçoit des réponses théologiques visant à justifier ou à légitimer le recours au kidnapping à partir d'arguments prétendument religieux.

Au sein même de l'EI, la question des enlèvements et de la gestion des otages s'est posée de façon aiguë en 2013, année marquée par de nombreux enlèvements très médiatisés de journalistes occidentaux, dont les Français Didier François, Édouard Elias, Pierre Torres et Nicolas Hénin. Elle culmine en 2014 avec une trentaine de kidnappings et la décapitation des journalistes américains James Foley et Steven Sotloff, qui a révulsé le monde entier.

Si l'utilisation des otages à des fins de propagande a été entérinée par le commandement central de l'EI, plusieurs questions de fond demeuraient en suspens, et plusieurs « théologiens » de l'organisation ont demandé leur clarification auprès de « la base ».

Primo, concernant le « statut des otages », ces théologiens estiment que tout citoyen occidental est un « combattant ennemi », étant donné que les pays occidentaux ont tous déclaré être en « guerre contre le terrorisme » et visent uniquement l'EI par leurs actions politiques et militaires. De plus, étant donné le système démocratique qui prévaut dans ces pays et qui fait du président élu le commandant suprême des armées, tout citoyen occidental valide, par son vote même, la politique étrangère menée par le gouvernement de son pays ; il en est donc responsable et comptable, qu'il le veuille ou non, ce qui justifie également les attentats contre les civils (« pas du tout innocents », selon l'EI).

Secundo, concernant la « qualification juridique » du kidnapping et du rançonnement, l'EI estime, en se fondant sur divers versets coraniques et traditions prophétiques, que tout ce qui sert les intérêts de l'Islam et du Califat est légitime. En conséquence, le kidnapping fait partie du djihad à la condition qu'il soit soumis au « droit de la guerre en islam », notamment en ce qui concerne le traitement (clément) des « prisonniers de guerre » (les otages) et les modalités de leur libération ou de leur exécution (selon la théologie interne à l'organisation).

Tertio, concernant la réaction militaire des pays occidentaux à ces enlèvements, l'EI répond qu'il n'y a pas lieu de craindre l'affrontement lorsqu'il est question de défendre ou d'étendre le « domaine de l'islam ». En conséquence, si un type d'action particulier peut attirer l'attention des puissances occidentales et servir le projet djihadiste (telle que les décapitations), il doit être recherché et non pas évité, par crainte ou par calcul politique, car il en va de la crédibilité de la cause islamiste.

Enfin, l'EI n'évoque jamais le volet financier de la question des otages. L'on sait que les rançons et autres « dettes de sang » *(diyya)* représentent une part non négligeable des revenus de l'organisation, mais l'on ignore tout du détail des négociations et des transactions. Contrairement à Al-Qaïda[1], l'EI n'a jamais mis en avant les revenus de « l'industrie des otages », celle-ci étant pour lui une activité périphérique servant essentiellement à des fins de propagande.

En réalité, le montant des rançons a toujours été fluctuant en fonction de l'identité de l'otage, de l'importance des enjeux et de la politique du pays d'origine. Mais il est clair que ce montant atteignait plusieurs millions d'euros en 2014, avec une focalisation évidente sur les pays les plus « disposés à payer », essentiellement européens, et en particulier la France, pas encore désignée comme cible prioritaire à l'époque, ce qui lui a permis d'ailleurs de faire libérer ses quatre otages des mains de l'EI[2].

---

1. Sur l'industrie des otages, voir Guidère M., « Al-Qaïda au Maghreb islamique », in *Maghreb-Machrek*, n° 208, p. 62-63.

2. Fin 2013, le « prix moyen » d'un otage français était de 5 millions d'euros environ.

75.

Comment l'EI organise-t-il le trafic d'antiquités ?

Si l'EI s'attaque aux cités antiques, c'est d'abord parce que leurs vestiges représentent le symbole d'une autre civilisation préislamique. Or pour les djihadistes, l'histoire du monde commence avec l'islam, à tel point que ce qui le précède est appelé *Jâhiliyya*, littéralement « Âge de l'ignorance et de la mécréance ».

Mais le trafic d'antiquités n'est pas nouveau en Irak ni en Syrie, notamment dans ce dernier pays en proie au chaos de la guerre civile depuis 2011, mais il a pris des proportions industrielles début 2014 à partir de la prise de contrôle de l'EI sur ces territoires. Les membres de l'EI se sont alors greffés sur le trafic existant et lui ont donné une ampleur inégalée en l'organisant et en l'institutionnalisant.

Il est à noter cependant que l'implication de l'organisation dans ce trafic a été progressive et tributaire de ses autres sources de financement. Ainsi, plus les revenus pétroliers baissaient, plus le trafic d'antiquités augmentait. Il paraît clair également que ce trafic ne pouvait prendre de l'ampleur sans l'existence d'une demande internationale forte, provenant en particulier des collectionneurs et des amateurs d'art occidentaux.

Face à cette demande, l'EI organise, à partir de la mi-2014, le marché noir des antiquités. Il interdit les pillages et impose des autorisations d'exploitation, puis instaure une taxe *(khums)* sur l'activité, équivalant à 20 % des revenus, la même applicable dans la tradition islamique médiévale au butin de guerre.

Début 2015, l'EI franchit une étape supplémentaire dans la « bureaucratisation » du trafic d'antiquités et du circuit de commercialisation. Il ouvre un « Bureau archéologique » dont la mission est de centraliser la gestion des fouilles et de rationaliser le commerce qu'elles génèrent. Ce Bureau établit des listes de sites et délivre des permis pour procéder aux excavations.

Puis, l'EI lui-même devient un acteur du « marché ». Son administration rémunère sur les sites plusieurs centaines d'employés, souvent équipés d'engins de terrassement, pour creuser et ouvrir le chemin aux « chercheurs d'antiquités ». En raison des bombardements et de l'état de dégradation des lieux, l'usage de bulldozers s'avère parfois nécessaire, mais il a tendance à défigurer les sites. Au sol, les « chercheurs » se concentrent sur la récupération des objets de petite taille les plus aisément transportables, comme les céramiques, les amphores, les pièces de monnaie ou encore les figurines. En raison des enjeux financiers pour l'EI, la surveillance de l'activité est très stricte. Ainsi, toute personne qui tenterait de contourner l'administration pour entreprendre à son compte des fouilles ou qui revendrait en cachette des objets trouvés encourt de sévères sanctions qui peuvent aller jusqu'à l'exécution.

Une fois excavées, les antiquités sont confiées à des intermédiaires « agréés » pour trouver des acquéreurs et vendre les objets. Les acteurs de ce réseau communiquent la plupart du temps grâce à des messageries privées disponibles *via* des applications mobiles grand public. Ils se transmettent les photos des objets mis en vente et concluent les transactions à distance. Le paiement, quant à lui, se fait en cash grâce à un autre réseau d'intermédiaires financiers établis dans les pays voisins, moyennant commission.

Les antiquités sont transférées ensuite clandestinement vers la Turquie, qui sert de plaque tournante pour ce trafic. À partir de là, elles passent entre les mains d'une mafia internationale bien organisée et bien implantée dans les pays occidentaux qui se charge de les vendre au plus offrant. Peu médiatisé, ce trafic d'antiquités (estimé à 6 milliards de dollars) se trouve pourtant au troisième rang mondial du crime organisé après le trafic de drogue et d'armes.

76.

Quelles taxes l'EI impose-t-il aux populations locales ?

Sous l'EI, les populations locales sont plus taxées que jamais. Non seulement l'EI se veut un « État », mais, en plus, il s'est substitué à l'État irakien et syrien sur les territoires qu'il contrôle, ce qui signifie qu'il a ajouté de nouvelles taxes à celles déjà existantes. Comme il est par ailleurs isolé et ostracisé, il doit compter essentiellement sur le marché intérieur et sur les impôts qu'il peut prélever pour pouvoir continuer à fonctionner. Enfin, en raison de la situation de guerre permanente, il a imposé une taxe spécifique et exceptionnelle faisant partie de l'effort de guerre.

En pratique, cela signifie qu'il existe sous l'EI trois grands types de taxes qui s'additionnent.

Tout d'abord, les taxes habituelles qui existent dans tout État moderne : TVA, taxe foncière, taxe d'habitation, etc. Elles ont un taux variable et sont exigibles généralement une fois par an, mais l'EI les a exigées dès sa prise de pouvoir dans les territoires conquis.

Ensuite, les taxes dites « islamiques » introduites par l'EI telles que la « *jizya* », taxe exigible des non-musulmans qui souhaitent demeurer sur le territoire du Califat ; le *kharaj,* qui correspond à un impôt foncier islamique, exigible de tous les propriétaires terriens ; la *zakât* (aumône légale), utilisée comme une sorte de contribution de solidarité sociale.

Enfin, les « taxes du djihad » qui sont des contributions exceptionnelles à l'effort de guerre telles que : les « taxes de passage » sur le transport des marchandises qui transitent par les territoires de l'EI et les « taxes de libération » qui correspondent à une sorte de caution payée pour faire libérer un détenu. Toutes ces taxes sont imposées suivant un « taux islamique » de 10 % *(ushr)* ou de 20 % *(khums)*, selon les cas et les situations.

Ces taxes diverses et variées représentent une charge considérable sur l'activité économique. Les populations locales les supportent en silence car elles n'ont pas le choix, tandis que les partisans de l'organisation font valoir qu'au moins, avec l'EI, il n'y a pas de vol ni de corruption. Or, dans le contexte irakien en particulier où la corruption est généralisée, cet argument a du poids auprès des populations locales et contribue davantage à leur soumission au fait accompli.

L'EI ET LE RESTE DU MONDE

Sunnisme et chiisme au Moyen-Orient

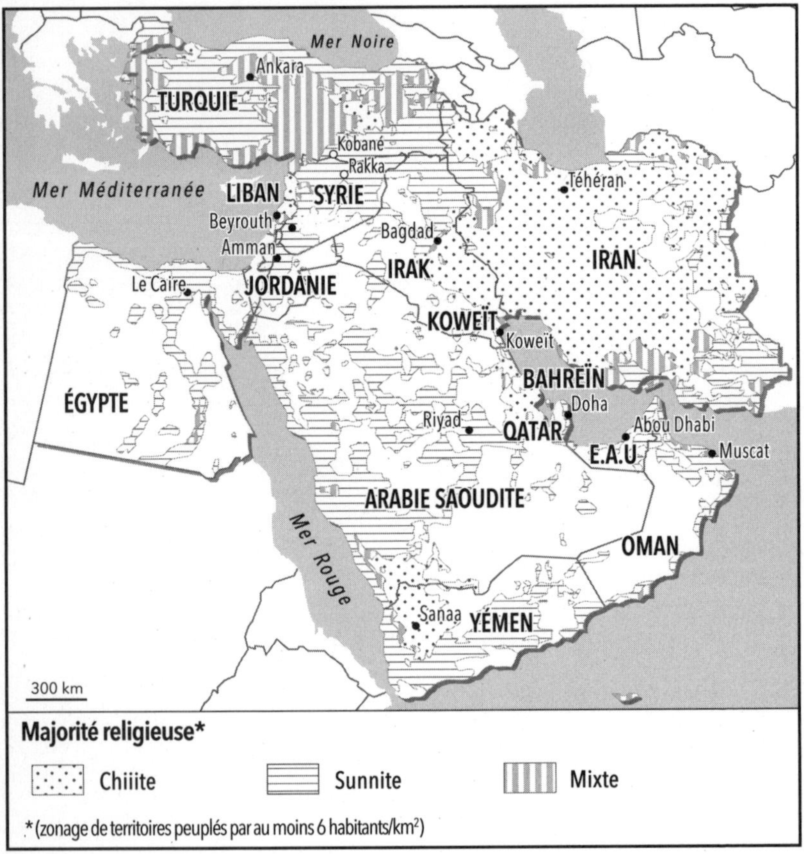

77.

Qui soutient l'EI ?

À ce jour, aucun État n'a officiellement reconnu l'EI et aucun gouvernement ne le soutient, tous condamnent à la fois ses exactions à l'intérieur et ses attentats à l'extérieur. Même les pays de la région (Turquie, Arabie saoudite, Qatar), souvent accusés de soutien ou de complicité à son égard, sont devenus des cibles pour ses attaques répétées.

Mais pour mieux comprendre les accusations et les soupçons pesant sur les uns et les autres, il faut distinguer les « soutiens formels » et les « soutiens informels ». En effet, s'il n'existe aucun soutien affiché à l'EI, certains gouvernements « comprennent » les raisons et les objectifs de l'organisation ; ils expliquent le phénomène de son ascension par des causes à la fois historiques et géopolitiques : invasion américaine de l'Irak 2003, marginalisation des sunnites en Irak et en Syrie, etc. Ces justifications sont souvent reçues par les populations locales comme un message de soutien informel qui confirme la légitimité de leur combat aux côtés de l'EI.

Il faut également distinguer les « alliances de fait » et les « alliances objectives » qui s'apparentent à un soutien indirect mais qui n'en sont pas en réalité. Ainsi par exemple, lorsque le régime syrien et la Russie bombardent les forces de l'opposition armée qui se battent contre l'EI, ils renforcent indirectement celui-ci. De même, lorsque les forces de la coalition bombardent l'EI, ils sont des alliés objectifs du régime syrien, dont ils veulent pourtant le départ.

Ainsi, même si personne ne soutient l'EI, ce dernier bénéficie d'un contexte favorable qui permet le maintien de son contrôle sur les régions à majorité sunnite d'Irak et de Syrie. Par voie indirecte ou par transitivité, l'organisation recueille les fruits des calculs géopolitiques.

En réalité, l'EI représente aujourd'hui une sorte de « carte » utilisée dans le contexte géopolitique par divers acteurs et à des fins différentes. Ainsi pour la Russie, c'est le « ticket d'entrée » dans le jeu moyen-oriental. Pour les Occidentaux, c'est la caution d'une lutte implacable contre le « terrorisme », servant à la justification d'une présence militaire durable dans la région et d'une ingérence dans les affaires intérieures des pays concernés. Enfin, pour les autres acteurs régionaux, c'est le meilleur moyen de détourner les regards des problèmes intérieurs en focalisant l'attention sur la menace extérieure représentée par l'EI.

Reste à savoir combien de temps l'EI parviendra à jouer de ces calculs politiciens pour maintenir son emprise sur des populations martyrisées.

78.

Quelle est la relation de l'EI avec la Turquie ?

C'est un fait : l'EI a perpétré plusieurs attentats meurtriers sur le sol turc et la Turquie est engagée militairement aux côtés de la coalition internationale dans sa lutte contre l'EI. Mais Ankara est également soupçonné d'avoir contribué au renforcement de celui-ci en ne contrôlant pas suffisamment ses frontières avec la Syrie, en laissant entrer les combattants étrangers et en fermant les yeux sur les divers trafics qui financent l'EI, en particulier celui du pétrole.

Le rôle de la Turquie dans la lutte contre l'EI est également décrit comme « ambigu » par les Occidentaux en raison de sa position à l'égard des Kurdes. En effet, ceux-ci se sont considérablement renforcés militairement à la faveur de la guerre contre l'EI parce qu'ils se sont positionnés comme les alliés des Occidentaux qui s'appuient sur eux dans leur guerre au sol contre l'EI. Mais la Turquie, qui combat déjà l'indépendantisme kurde (PKK) à l'intérieur de ses frontières, voit d'un mauvais œil ce renforcement, car elle ne veut pas, à terme, d'un « État kurde » à ses frontières et préfère, par conséquent, ne pas s'engager directement dans les combats opposant les Kurdes à l'EI.

De son côté, l'EI entretient une relation complexe et ambiguë avec la Turquie pour des raisons qui tiennent à la fois à la religion et à l'histoire. En effet, les territoires de l'EI comme ceux de la Turquie sont majoritairement peuplés de musulmans sunnites et ne devraient, à ce titre, ni s'affronter ni s'entre-tuer, mais concentrer plutôt leurs efforts contre les musulmans chiites représentés essentiellement par la République islamique d'Iran et le régime syrien. Mais la Turquie est également dominée aujourd'hui par un courant sunnite, le frérisme (AKP), dont les fondements doctrinaux ne cadrent pas tout à fait avec ceux de l'EI, de tendance plutôt salafiste et wahhabite. Or, les deux courants sont à couteaux tirés partout ailleurs dans le monde musulman.

Enfin, la réticence de l'EI à s'attaquer de front à la Turquie vient du fait qu'elle a abrité la dernière dynastie, les Ottomans, à avoir porté et défendu le « Califat islamique », jusqu'en 1924. À ce titre, les autres musulmans lui doivent du respect, et cela malgré les rancunes du passé entre Turcs et Arabes.

Aujourd'hui encore, la Turquie s'oppose à l'Iran sur cette même ligne de fracture doctrinale et liturgique, ce qui rejoint les positions de l'EI (sunnite) à l'égard de l'Iran (chiite).

79.

Quelle est la relation de l'EI avec l'Arabie saoudite ?

L'Arabie saoudite est accusée par les pays occidentaux, en privé et parfois publiquement, d'avoir créé le monstre qu'elle combat aujourd'hui. En effet, ceux-ci estiment que la version fondamentaliste de l'islam qu'elle promeut depuis les années 1970, le salafisme wahhabite, est à l'origine de la plupart des organisations terroristes, à commencer par Al-Qaïda, fondée par un Saoudien (Ben Laden) et ensuite par l'EI, qui s'en inspire fortement.

Or, le salafisme, qui est en cause dans l'esprit des Occidentaux, est l'un des plus anciens mouvements réformistes de l'islam puisqu'il a été initié par le théologien médiéval Ibn Taymiyya (mort en 1328). Ses partisans sont des « puritains » qui veulent vivre comme les *salafs*, c'est-à-dire comme la première génération de musulmans du premier siècle de l'islam (VIIe siècle de notre ère), d'où leur nom de « salafistes ». C'est donc un mouvement traditionaliste qui aspire à islamiser la société non pas dans le sens d'une adaptation à son époque (la modernité), mais dans le sens d'une conformité au passé (la tradition), à l'image d'un âge d'or rêvé de piété et de gloire.

C'est pourquoi on trouve parmi les salafistes aussi bien des « piétistes », qui refusent toute participation à la vie politique, que des « érudits », qui ne voient le salut que dans la lecture du Coran et des traditions prophétiques, ou encore des « activistes », qui veulent imposer à la société une manière de vivre et de penser à des années-lumière de la modernité. C'est dans cette dernière catégorie de salafistes (les activistes) que l'on trouve des sympathisants de l'EI et des partisans convaincus du Califat.

En effet, le sous-courant dit « salafiste djihadiste » est le dernier avatar de cette tendance extrémiste. Celui-ci a pris comme slogan de ralliement, après le Printemps arabe (2011), l'application de la charia, et il a donné lieu à une kyrielle de groupes armés qui portent le nom de « Défenseurs de la charia » *(Ansar al-charia)*, dont l'objectif est d'imposer une application stricte et immédiate de la loi islamique dans les pays à majorité musulmane. Certains individus issus de cette tendance très minoritaire appellent également à l'application de la charia aux communautés musulmanes résidant en Europe, sous forme d'un double statut juridique. C'est parmi eux que l'on compte les départs les plus nombreux vers la Syrie et l'Irak pour rejoindre les rangs de l'EI.

L'autre sous-courant radical est appelé « salafisme wahhabite ». Historiquement, il est dû au théologien Muhammad Ibn Abd al-Wahhâb qui a vécu en Arabie au début du XVIIIe siècle. Mais son attractivité auprès des islamistes radicaux provient du fait qu'il a été le premier et le seul mouvement politico-religieux à réussir la fondation d'un « État islamique » stable et durable (l'Arabie saoudite actuelle). Grâce à la puissance financière et à l'attractivité spirituelle de l'Arabie, terre des deux lieux saints de l'islam (La Mecque et Médine), le wahhabisme a essaimé un peu partout dans le monde et continue de gagner du terrain face aux autres courants islamistes.

Mais le wahhabisme est désormais considéré en Occident comme une source de radicalisation et la principale inspiration des combattants de l'EI qui veulent rivaliser avec son rigorisme et son interprétation littérale du Coran. Pourtant, l'EI n'a cessé de menacer l'Arabie saoudite et perpétré plusieurs attentats meurtriers sur son sol, poussant le régime à s'engager massivement aux côtés de la coalition internationale, d'abord en menant des bombardements sur les positions de l'organisation en 2014, puis en prenant la tête d'une « coalition islamique » de 34 pays en 2015. L'Arabie saoudite espère ainsi modifier la perception occidentale persistante que la lutte contre l'EI n'est pas sa priorité.

Ce faisant, elle s'aliène pourtant une partie de son opinion publique qui ne voit pas d'un bon œil un tel activisme dans la guerre contre d'autres musulmans, fussent-ils fondamentalistes. De ce point de vue, le conflit yéménite, qui oppose des sunnites (du sud) et des chiites (du nord), paraît bien plus fédérateur aux yeux de la population saoudienne, ce qui explique également l'engagement massif de l'Arabie dans le conflit yéménite.

Début 2016, l'exécution d'un chef chiite saoudien (Nim al-Nimr) a ravivé les tensions entre l'Arabie saoudite et l'Iran. Des accusations de soutien au terrorisme ont fusé des deux côtés, conduisant à la rupture des relations diplomatiques. Cette rivalité exacerbée entre les deux puissances régionales profite aux radicaux des deux camps et les détourne de la lutte contre leur ennemi commun, l'EI.

Mais l'Arabie saoudite demeure indéniablement le pays le plus visé par les attentats de l'EI, qui cherche à jouer de la carte confessionnelle et à creuser le fossé entre les communautés sunnite et chiite au sein du royaume. Ce dernier risque, à terme, de voir croître le nombre de combattants saoudiens au sein de l'organisation et de « cellules dormantes » à l'intérieur de ses frontières. C'est que l'Arabie saoudite demeure, en raison même de son symbolisme comme « serviteur » des lieux saints de l'islam, une cible « obligée » pour l'EI qui espère étendre, un jour, son pouvoir sur la terre du Prophète et le berceau des califes « bien guidés ».

80.

Quelle est la relation de l'EI avec le Qatar ?

Comme l'Arabie saoudite, le Qatar est accusé par certains leaders occidentaux de « connivences » avec les islamistes en général et avec l'EI en particulier. Mais contrairement à l'Arabie saoudite, il n'est pas suspecté de « complicité idéologique », mais, pis, de « financement du terrorisme ». Ces accusations perdurent malgré les protestations répétées du Qatar, allant jusqu'au dépôt d'une plainte contre un homme politique français d'extrême droite qui avait proféré publiquement de telles accusations.

En réalité, l'impression de « collusion » remonte à la guerre en Libye (2011) au cours de laquelle l'activisme qatari en faveur des milices islamistes a laissé une mauvaise impression et un goût amer à l'opinion publique au vu du résultat final (anarchie).

Comme le Qatar a adopté en Syrie le même positionnement diplomatique et militaire qu'en Libye, se plaçant du côté des groupes islamistes de la tendance fériste, il a d'abord été accusé de « promouvoir le terrorisme » par le régime syrien, avant que le gouvernement égyptien, qui avait entre-temps écarté les Frères musulmans du pouvoir (destitution de Morsi en 2013), n'émette la même accusation et ne mène une campagne internationale en ce sens.

Malgré la démission de l'émir du Qatar et l'accession de son fils au pouvoir en juin 2013, l'image du pays n'a pas changé, car cet événement est intervenu dans un contexte encore plus complexe, avec la montée en puissance de l'EI et son affirmation comme principal groupe de l'opposition armée au régime syrien. Dès lors, certains anciens chefs de cette opposition, qui étaient jusque-là soutenus par le Qatar, ont rallié l'EI par pragmatisme, donnant l'impression que l'émirat soutenait les terroristes.

Pour contrer cette montée en puissance de l'EI, le Qatar menait pourtant une politique de soutien financier et militaire à son concurrent direct, le « Front Al-Nosra ». Mais le chef de ce dernier, Al-Joulani, a fini par faire allégeance au successeur de Ben Laden, Zawâhiri, créant en 2014 Al-Qaïda au Levant (en Syrie). Cela a également laissé l'impression que le Qatar avait soutenu Al-Qaïda, l'autre acteur majeur du terrorisme.

Pour éviter les actions de représailles tant de la part de l'EI que d'Al-Qaïda, l'émir du Qatar a fini par se tourner vers le Conseil de coopération du Golfe (CCG) et s'aligner sur la politique saoudienne en la matière, même si celle-ci n'est pas exempte de critiques non plus.

81.

Quelle est la relation de l'EI avec l'Iran ?

Pour l'EI, l'Iran représente l'incarnation même du diable. En effet, la révolution de 1979 conduite par l'ayatollah Khomeiny a réussi à créer la seule et unique « République islamique ». Non seulement il s'agit d'une théocratie, mais en plus c'est un « État chiite » fondé par un courant que l'EI considère comme hérétique, le chiisme imamite.

L'hostilité de l'EI envers l'Iran est aggravée par le fait que ce dernier intervient en Irak comme en Syrie, idéologiquement et militairement, en soutien aux gouvernements chiites contre les populations sunnites de ces pays. Outre le fait qu'il promeut sa propre doctrine, le chiisme imamite (duodécimain), auprès des autres chiites (alaouites), il participe en plus activement à l'extermination des groupes sunnites sur le terrain.

Dans cette guerre de religion interne à l'islam, l'EI se présente comme le seul défenseur des populations sunnites martyrisées par les chiites en Syrie comme en Irak. Les monarchies sunnites du Golfe s'étant rangées du côté de la coalition internationale, l'organisation estime être le dernier rempart contre une « chiisation » des musulmans dans ces deux pays et même au-delà, étant donné les aspirations hégémoniques de l'Iran dans la région.

C'est ainsi que l'EI justifie la création d'une « province » au Yémen. Considérant que l'Iran était en train de créer dans ce pays une milice comparable à celle du Hezbollah libanais, l'organisation a décidé d'agir et de contrecarrer les projets iraniens au Yémen. De ce point de vue, si la « coalition arabe », conduite par l'Arabie saoudite, intervient dans ce pays, c'est aussi pour devancer l'EI qui se présente, là encore, comme le défenseur des sunnites.

Mais cet argument demeure d'autant plus porteur en Syrie et en Irak où les populations sunnites se trouvent effectivement piégées entre le marteau des frappes de la coalition internationale intégrant les pays arabes et l'enclume de la coalition chiite menée au sol par l'Iran. Or, à choisir entre « l'État chiite » (Iran) et « l'État sunnite » (EI), c'est ce dernier qui l'emporte, étant plus proche des croyances locales.

De son côté, la République islamique d'Iran se trouve dans une position paradoxale. En luttant contre l'EI, elle devient de fait l'alliée objective des Occidentaux et en particulier des Américains, présentés pourtant comme l'incarnation du diable dans la propagande officielle. Pis, l'Iran apparaît comme un allié objectif d'Israël puisque ce dernier est l'allié stratégique des États-Unis dans la région et que ceux-ci viennent de normaliser leurs relations avec l'Iran dans le cadre de l'accord sur le nucléaire.

Cette position est d'autant plus inconfortable qu'Israël cible, au même moment, la pièce maîtresse de l'Iran dans la guerre en Syrie, à savoir le Hezbollah libanais. En effet, pendant que l'Iran concentre ses efforts sur la lutte contre l'EI, Israël continue de bombarder les convois du Hezbollah et d'éliminer ses chefs les plus en vue, quand il ne bombarde pas carrément les positions des forces du régime syrien soutenu par l'Iran.

La position à l'égard de l'EI est tout aussi paradoxale d'un point de vue idéologique, puisque l'Iran s'engage dans le combat contre le seul groupe ouvertement anti-occidental, anti-américain et anti-israélien. Le fait que l'EI projette en plus de fonder une théocratie, à l'image de celle de la République islamique d'Iran mais « version sunnite », rend la justification de l'engagement encore plus problématique. Après tout, les deux luttent pour le triomphe de l'islam et pour l'extension du domaine de la religion contre les mécréants et les athées dans le monde.

En réalité, la seule explication plausible se trouve dans la grille de lecture confessionnelle. La « République islamique » (chiite) tout comme « l'État islamique » (sunnite) sont engagés dans une guerre de religion féroce qui les rend aveugles aux enjeux géopolitiques, lesquels dépassent largement leurs petites querelles dogmatiques qui remontent aux débuts de l'islam.

82.

Quelle est la relation d'Israël avec l'EI ?

Officiellement, Israël fait partie des cibles de l'EI, mais aucune action n'est envisagée contre lui. Le seul message de menace d'Al-Baghdadi visant spécifiquement Israël date de Noël 2015. Sa rhétorique emprunte beaucoup à celle de l'Iran à l'égard d'Israël, mais la propagande interne à l'organisation montre que l'État hébreu est plutôt perçu comme un « modèle de construction », invitant à l'émulation dans bon nombre de domaines.

D'une part, en tant que création étatique récente (1948), l'EI s'identifie à Israël et estime qu'il faut suivre son exemple pour fonder l'État tant espéré.

D'autre part, l'État hébreu est cité dans cette même propagande comme un modèle pour l'attraction des « émigrés » et l'implantation de « colonies » visant à consolider les bases de l'État. En conséquence, l'EI a lancé des campagnes visant à populariser la *hijra* (émigration en terre d'islam) destinée aux communautés musulmanes résidant en Occident, à l'image des campagnes faisant la promotion de l'*aliyah* auprès des communautés juives. Mais l'organisation avoue être loin du compte pour l'instant puisqu'en 2015, par exemple, il y a eu selon les chiffres officiels de l'Agence juive pour Israël plus de 8 000 départs de « Juifs de France » pour l'État hébreu contre à peine 800 départs de « musulmans de France » pour rejoindre « l'État islamique » (soit dix fois moins).

De son côté, Israël refuse toute comparaison avec l'EI et argue du fait que l'État hébreu est une véritable démocratie qui ne fait que se défendre contre le « terrorisme des Palestiniens » et les « agressions de ses voisins », à savoir le Hezbollah libanais et l'Iran chiite. Sur le fond, les Israéliens estiment que le véritable danger n'est pas l'EI et son Califat médiéval mais bien l'Iran et son programme nucléaire.

Par ailleurs, Israël met en avant son étroite collaboration avec les États-Unis dans sa guerre contre l'EI, même s'il ne fait pas officiellement partie de la coalition internationale. Or, en collaborant avec les États-Unis, l'État hébreu se retrouve, indirectement, aux côtés de la Turquie et de plusieurs pays musulmans, dont l'Iran, avec lesquels il entretient des relations tendues.

83.

En quoi le Yémen est-il un terrain favorable à l'EI ?

Le Yémen est un terrain favorable à l'EI en raison de sa situation politique instable, de sa structure tribale et des rivalités régionales qui s'y jouent. En effet, la guerre civile qui le secoue depuis des années est largement nourrie par le tribalisme qui le caractérise et par les ambitions hégémoniques de l'Arabie saoudite et de l'Iran, qui y mènent une guerre par procuration. C'est dans un État failli que l'EI a pu s'implanter et prospérer en peu de temps.

En effet, malgré l'application stricte de la charia, le pays fait face à une contestation islamiste forte et diversifiée. Ainsi, le gouvernement doit affronter, depuis 2004, une rébellion armée de la minorité chiite (zaydite) dans le nord-ouest du pays et des mouvements rebelles (sunnites) dans le sud-est. Ces deux composantes religieuses de la société yéménite sont critiquées et dépassées par un fort courant salafiste bien implanté depuis des décennies, qui appelle à un retour aux sources et au mode de vie de l'époque prophétique. La branche locale d'Al-Qaïda (AQPA), créée en 2009, va plus loin en militant violemment pour l'instauration d'un « État islamique », à l'instar des premiers siècles de l'islam.

Mais chez la nouvelle génération de djihadistes, c'est le projet du Califat, défendu par l'EI, qui attire de plus en plus. C'est pourquoi une « Province du Yémen » a été créée en 2015 et plusieurs actions terroristes ont été revendiquées en son nom. Cette extension locale se positionne contre le nationalisme, le régionalisme et le tribalisme, appelant à un rattachement du Yémen au « Califat islamique » proclamé par l'EI.

Ses cibles sont aussi bien les rebelles houthis (chiites), qui ont envahi la capitale Sanaa en 2014, que les tribus sunnites favorables à l'ancien président Saleh. Mais elle cible également les Occidentaux accusés d'ingérence et les autres djihadistes de la branche locale d'Al-Qaïda soupçonnés de collusion avec le nouveau gouvernement yéménite.

Bref, les adeptes yéménites du « calife Ibrahim » se positionnent comme anti-gouvernement, anti-chiites, anti-Saoudiens et anti-Occidentaux. Ce faisant, ils se perçoivent comme des « résistants » à la domination occidentale, saoudienne et iranienne.

84.

En quoi la Libye constitue-t-elle une base arrière pour l'EI ?

La Libye connaît depuis 2011 une instabilité chronique due à l'éclatement du pouvoir central et au règne des milices islamistes. Avec l'affirmation du tribalisme et du régionalisme, l'unité du pays a été remise en cause et des entités territoriales autonomes sont réapparues à l'est (Cyrénaïque), à l'ouest (Tripolitaine) et au sud (Fezzan). Chacune est dominée par un pouvoir politique et militaire différent qui défend ses intérêts spécifiques et son propre agenda.

C'est dans ce contexte de rivalité exacerbée entre régions et milices que l'EI a fait, en 2014, une irruption remarquée dans le paysage libyen. En effet, à Derna, ville côtière de l'Est libyen, située entre Tobrouk et Benghazi, le « Conseil consultatif de la jeunesse islamique » (*Majlis Choura Chabab al-Islam*, MCCI) a prêté officiellement allégeance à l'EI, après avoir rencontré une délégation du « calife Ibrahim » venue spécialement d'Irak à leur rencontre. Le 3 octobre 2014, lors de la prière du vendredi, cette allégeance a été officialisée devant des centaines d'habitants de la ville et une vidéo de l'événement est diffusée sur Internet.

Puis, le MCCI, après des affrontements meurtriers avec d'autres groupes islamistes affiliés aux Frères musulmans ou partisans d'Al-Qaïda, a pris le contrôle de la ville et y a instauré la charia, avec la mise en place d'un tribunal islamique et d'une police des mœurs. Ainsi, la ville de Derna, berceau du soulèvement populaire lors de la révolution libyenne de 2011, est devenue en quelques jours le premier territoire du Califat en dehors de l'Irak et de la Syrie.

Mais l'EI ne s'est pas arrêté là. Il a entamé au cours des mois suivants son expansion vers l'ouest pour s'établir sur la côte, à Syrte, en profitant des rivalités et des affrontements entre milices. De plus, en s'alliant au groupe libyen « Défenseurs de la charia » *(Ansar al-charia)*, il a pu contrôler la ville de Sabratha, à l'ouest de Tripoli, où se trouvent des camps d'entraînement dédiés aux djihadistes tunisiens. Enfin, plusieurs groupes du Sud, actifs à la frontalière tuniso-algérienne et dans le nord du Mali, ont fait allégeance à l'EI, comme prélude à son implantation dans le Sahel.

Cet activisme des « soldats du Califat » a obligé les divers acteurs libyens et les forces tribales à se repositionner et à redéfinir leurs priorités, notamment en œuvrant pour un gouvernement d'union nationale. Cela a également poussé les puissances internationales à envisager une nouvelle intervention militaire en Libye visant à « éradiquer l'EI » et à « finir le travail » entamé en 2011.

85.

Pourquoi la Tunisie est-elle vulnérable face à l'EI ?

La vulnérabilité de la Tunisie face à l'EI est conjoncturelle : elle tient essentiellement au contexte de transition politique post-révolutionnaire. En effet, depuis 2011, le pays vit une instabilité politique due au changement de régime et à l'instauration d'une véritable démocratie fondée sur le pluralisme politique et le respect des libertés individuelles. Auparavant, le régime autoritaire des présidents Bourguiba (1957-1987) puis Ben Ali (1987-2011) assurait une maîtrise sécuritaire indéniable mais au prix de nombreuses atteintes aux libertés et aux droits de l'homme.

Or, la libéralisation du système politique à partir de la « révolution du jasmin » (2011) et la multiplication des partis ont permis un retour en force de l'islamisme sous les traits du parti Ennahda (Renaissance), de tendance fririste (Frères musulmans). Celui-ci a remporté les premières élections libres et géré le pays pendant plus de deux ans, avant d'être battu fin 2014 par une coalition de « laïcs » issus de la société civile et des cadres de l'ancien régime.

C'est pendant cette phase du gouvernement islamiste que les vulnérabilités de la Tunisie sont apparues au grand jour. Outre le régionalisme (opposition Nord/Sud et Est/Ouest) qui a connu une résurgence inquiétante, plusieurs mouvements et formations islamistes ont vu le jour et travaillé la société avec des thématiques et des problématiques qui étaient jusque-là inconnues ou absentes du débat public.

Le plus important de ces courants est celui des « Défenseurs de la charia » *(Ansar al-charia)* qui a pu réunir, dans certains de ses meetings, jusqu'à 100 000 personnes. Ce mouvement islamiste radical appelle ouvertement à l'instauration de la charia et à son application stricte. Pour son chef, le dénommé Abou Iyadh (tué en juin 2015), la Tunisie est un pays qui n'a d'islamique que le nom et il est temps de le « réislamiser » en imposant la charia. Après avoir fui en Libye à la faveur de la guerre civile dans ce pays, Abou Iyadh planifie des assassinats et des actions terroristes en Tunisie qui conduisent, à plusieurs reprises, à la fermeture de la frontière sud avec la Libye.

Au même moment, la branche maghrébine d'Al-Qaïda (AQMI), dont le commandement se trouve dans les montagnes de l'Algérie voisine, de l'autre côté de la frontière ouest de la Tunisie, fonde une brigade appelée *Oqba Ibn Nâfi*, du nom du général musulman (mort en 683) qui a conquis la Tunisie. Celle-ci s'établit dans la région du mont Chaâmbi et mène des actions de harcèlement contre les forces de sécurité qui font des dizaines de morts. Cela entraîne une militarisation de la zone et l'intervention de l'armée, sans toutefois parvenir à éradiquer la présence djihadiste dans la région.

Par ailleurs, à partir de 2012, date à laquelle l'ambassade américaine à Tunis a été attaquée, le gouvernement islamiste d'Ennahda décide de lutter plus efficacement contre les djihadistes et mène une politique répressive qui pousse la majorité d'entre eux à partir se battre en Syrie en passant par la Libye. Dès lors, le flux de Tunisiens vers le foyer syro-irakien n'a cessé de s'amplifier jusqu'à faire de la Tunisie le premier pourvoyeur de « combattants étrangers » (entre 3 000 et 5 000). La majorité d'entre eux ont rejoint les rangs de l'EI en Syrie ou en Irak après être passés par d'autres groupes djihadistes.

Même si beaucoup de ces combattants sont morts dans les batailles contre les forces régulières ou sous les bombardements de la coalition, un certain nombre d'entre eux est retourné en Tunisie pour mener des attentats meurtriers. L'EI a notamment revendiqué l'attaque contre le musée du Bardo à Tunis (mars 2015) et le massacre de touristes sur une plage à Sousse (juin 2015), ainsi que l'attentat suicide contre la garde présidentielle en plein cœur de la capitale (novembre 2015).

Les membres et les sympathisants de l'EI reprochent à la Tunisie tout à la fois d'être démocratique, laïque et pro-occidentale, de ne pas appliquer la charia et de réprimer les islamistes avec le retour au pouvoir des caciques de l'ancien régime. Ils appellent également à un rattachement de la Tunisie au Califat comme c'était le cas au premier siècle de l'empire musulman.

86.

L'EI est-il allié aux talibans ?

Dans la mouvance talibane, il faut distinguer les talibans du Pakistan et les talibans d'Afghanistan. Même s'il existe des liens historiques et idéologiques entre les deux mouvements, chacun évolue dans un contexte spécifique et poursuit des objectifs politiques différents. Cette différence est notamment visible en ce qui concerne le positionnement par rapport à l'EI et les liens éventuels avec l'organisation d'Al-Baghdadi.

En effet, le porte-parole des talibans pakistanais (TTP), Shahidullah Shahid, a fait allégeance au « calife Ibrahim » au début du mois d'octobre 2014. Mais il a été démis de ses fonctions quelques semaines plus tard en réaction à cette allégeance. Le chef du mouvement taliban, le mollah Fazlullah, ne semble pas avoir été consulté et ne cautionne pas l'action de son porte-parole.

Mais en réalité, il existe des divergences au sein des talibans pakistanais concernant l'allégeance ou non à l'EI. Ainsi, un important commandant militaire a quitté le TTP pour protester contre la décision du mollah Fazlullah de limoger son porte-parole. De plus, des tracts de soutien au Califat ont circulé dans des bazars du Nord-Ouest pakistanais, berceau historique des talibans, révélant l'importance des divergences internes.

De leur côté, les talibans d'Afghanistan n'ont pas prêté allégeance à l'EI ; seuls quelques chefs insurgés mineurs l'ont évoqué pour se faire valoir auprès du commandement central. Celui-ci a d'ailleurs choisi d'annoncer le décès de son chef emblématique, le mollah Omar, et son remplacement par le mollah Akhtar Mansour un mois seulement après la proclamation du Califat par l'EI. Ce faisant, les talibans afghans appelaient l'ensemble des groupes et organisations alliées à confirmer leur allégeance au nouveau chef.

C'est exactement ce qui s'est passé quelques semaines plus tard puisque le successeur de Ben Laden et chef d'Al-Qaïda, l'Égyptien Ayman al-Zawâhiri, s'est empressé de prêter allégeance au nom de son organisation au mollah Akhtar Mansour dans un message audio diffusé sur Internet : « En tant que chef de l'organisation Al-Qaïda pour le djihad, j'offre notre serment d'allégeance, suivant le chemin tracé par le cheikh Oussama [Ben Laden] et les martyrs dévoués dans leur allégeance au Commandeur des croyants, le saint guerrier mollah Mansour. »

Ce faisant, Zawâhiri confirme non seulement les liens historiques qui unissent les deux mouvements depuis plus de deux décennies, mais il cherche également à faire taire certaines critiques concernant sa position par rapport au Califat.

87.

La Russie est-elle une alliée dans la lutte contre l'EI ?

La Russie est entrée tardivement dans le conflit syrien, mais elle a fait une entrée fracassante en procédant à des bombardements massifs et en déployant des moyens considérables sur le terrain. Si elle a utilisé le prétexte de l'EI pour intervenir en Syrie, elle n'avait pas comme objectif prioritaire de le combattre ni même de joindre ses efforts à ceux de la coalition internationale.

En effet, dès le début de son intervention militaire en septembre 2015, le président russe, Vladimir Poutine, n'a pas caché ses intentions ni son objectif premier, à savoir soutenir le régime syrien et l'aider à détruire l'opposition armée. C'est pourquoi les bombardements russes ont visé prioritairement cette opposition, grâce à un appui aérien aux troupes régulières dans les régions où elles avaient du mal à résister ou à progresser.

Cela n'a pas manqué de susciter les critiques de la coalition internationale conduite par les États-Unis qui a reproché aux Russes de cibler l'opposition au régime et leur a demandé instamment de se concentrer sur la lutte contre l'EI. En vain. La Russie a continué à appliquer son propre plan de bataille en aidant les forces du régime à reconquérir le terrain perdu face à l'opposition armée. Ce n'est qu'après l'attentat contre l'avion russe dans le Sinaï égyptien (novembre 2015), revendiqué par la « province » locale de l'EI, que les avions russes ont mené des raids contre le fief du groupe à Raqqa.

Mais la Russie n'a pas changé de stratégie pour autant. Bien au contraire, après la destruction de l'un de ses avions qui avait violé l'espace aérien turc, elle a décidé de mettre en place sa propre force de frappe, indépendante de la coalition internationale qu'elle accuse d'être pro-sunnite. Cette « coalition russe » regroupe, en effet, tous les pays de la région dominés par les chiites, autrement dit l'Iran, l'Irak, la Syrie et le Liban, représenté par le Hezbollah.

Ainsi, fin 2015, il y avait deux coalitions militaires, l'une russe, l'autre américaine, ciblant toutes les deux les positions de l'EI, mais ayant chacune ses objectifs politiques. Le fait que la Russie ait également donné à son intervention en Syrie une dimension religieuse, en faisant bénir ses avions de chasse et en se présentant comme le défenseur des « chrétiens orthodoxes », a creusé le fossé avec la coalition occidentale qui veut, de son côté, éviter de donner l'impression d'une nouvelle « croisade » dans le monde musulman.

Enfin, il est apparu à travers les nombreuses déclarations du président Poutine que la Russie considère l'EI comme le « problème de l'Occident », créé et alimenté par lui et par ses alliés arabes et turcs. En conséquence, il estime que sa priorité n'est pas de combattre l'EI mais de remettre en selle le régime syrien pour qu'il puisse recouvrer sa souveraineté et en finir avec le terrorisme. C'est dans cette optique que la Russie a continué à cibler les chefs de l'opposition armée dont le plus important, Zahrane Allouche, chef de « l'Armée de l'islam », a été tué dans un raid aérien, fin décembre 2015, alors qu'il était l'un des plus farouches opposants à l'EI en Syrie.

Pour les Occidentaux, l'engagement russe en Syrie n'a rien d'innocent. Outre le fait qu'il vise à détourner l'attention internationale de la situation en Ukraine, dont la Russie a annexé une partie du territoire, cette intervention n'est que l'expression d'un retour en force au Moyen-Orient. Depuis son entrée en scène, la Russie a en effet agrandi et modernisé son unique base navale dans la région, à Tartous, et positionné son aviation dans plusieurs aéroports syriens. Elle a également créé un commandement commun à la « coalition chiite » et promis d'écraser le « terrorisme sunnite » par tous les moyens, allant jusqu'à menacer l'Arabie saoudite, alliée des Américains, de représailles militaires.

88.

La Russie doit-elle craindre l'introduction de l'EI dans le Caucase ?

La Russie considère l'EI comme « le problème de l'Occident » mais feint d'ignorer que l'EI l'a explicitement désignée comme une cible prioritaire pour sa « Province du Caucase ». Celle-ci est l'héritière de l'« émirat du Caucase », créé en 2007 par Dokou Oumarov.

Ce dernier avait en effet aboli, le 31 octobre 2007, la « République tchétchène d'Itchkérie », dont il était jusque-là président, et proclamé le grand « émirat du Caucase », dont la Tchétchénie ne devait être qu'une « province » parmi d'autres, notamment l'Ingouchie et le Daghestan.

Toutefois, l'ancien chef du gouvernement, Akhmed Zakaïev, en exil à Londres, déclara illégitime cette proclamation et prit la tête d'un gouvernement par intérim, établi à l'étranger. Depuis, un conflit ouvert oppose les « républicains », favorables à Zakaïev, et les « islamistes », partisans d'Oumarov, jusqu'à l'élimination de ce dernier en mars 2014 par les forces spéciales russes (FSB).

Or, en juin 2014, l'EI proclame le Califat sur les territoires qu'il contrôle en Syrie et en Irak, et le successeur d'Oumarov, un certain Aliaskhab Kebekov, connu sous le nom de guerre d'Al-Daghestani, lui fait aussitôt allégeance. Moins d'un an plus tard, en avril 2015, il était tué par les forces spéciales russes.

Son successeur, Magomed Souleïmanov, *cadi* (juge islamique) de sa condition, est également tué par le FSB, peu après son élection à la tête de l'« émirat du Caucase », en mai 2015.

Entre-temps, près de 2 000 Russes du Caucase avaient rejoint les rangs de l'EI en Syrie et en Irak. Ils font partie de plusieurs commandos de choc qui ont promis de se venger des Russes pour leur guerre contre les musulmans du Caucase et leur intervention au Proche-Orient. En arrière-plan se profile le conflit en Tchétchénie, réintégrée dans le giron russe après une longue guerre et de nombreux massacres.

Aujourd'hui, l'« émirat du Caucase » se trouve à un tournant de son histoire : soit il redevient une organisation nationaliste en mobilisant les jeunes autour de l'opposition au puissant voisin russe et à sa mainmise sur la Tchétchénie, soit il finit par être une simple « division » de l'EI, achevant le processus de reconversion de l'émirat en « province du Califat ».

De son côté, la Russie n'a pas grand-chose à craindre du prétendu « émirat », mais elle ne manquera pas d'user de cette « carte » pour légitimer ses interventions militaires au nom de la lutte contre le terrorisme.

89.

L'Asie est-elle concernée par la menace de l'EI ?

Le terrorisme islamiste n'est pas nouveau en Asie mais il a pris une nouvelle dimension avec la montée en puissance de l'EI. En effet, plusieurs États sont touchés par le phénomène des « combattants étrangers » et certains sont menacés expressément par l'organisation. Trois pays à majorité musulmane sont particulièrement touchés : la Malaisie, les Philippines et l'Indonésie, plus grand pays musulman au monde avec plus de 250 millions d'habitants.

Si, en 2014, les nouvelles de l'EI ont été accueillies avec scepticisme par les islamistes d'Asie du Sud-Est, la perception de l'organisation a beaucoup évolué en 2015, lorsque l'organisation a cessé ses massacres et s'est consacrée à la « construction de l'État ». Le fait qu'au même moment elle soit devenue la cible de la coalition internationale l'a fait apparaître comme le « seul défenseur des musulmans » dans cette partie du monde.

Cette image a été relayée par une propagande efficace de l'EI sur les réseaux sociaux de la région, et des vidéos des « soldats du Califat » issus de ces pays ont commencé à circuler pour encourager le ralliement et l'allégeance au « calife Ibrahim ».

Fin 2015, lorsque les autorités malaisiennes arrêtent l'un des vétérans du djihad dans la région, Mahmud Ahmad, ancien membre d'Al-Qaïda rallié à l'EI, le processus de rapprochement entre plusieurs organisations islamistes du Sud-Est asiatique est déjà bien avancé en vue de la création d'une « province du Califat » en Asie.

Le projet visait à unifier quatre groupes connus pour leurs actions terroristes parmi les plus meurtrières dans la région au cours des quinze dernières années, à savoir : la *Jemaah Islamiyah* en Indonésie, *Abou Sayyaf* aux Philippines, ainsi que les groupes *Kumpulan Mujahidin* et *Darul Islam Sabah* en Malaisie.

Début janvier 2016, la capitale indonésienne, Jakarta, a été frappée par une série d'attentats calqués sur le mode opératoire des attentats de novembre 2015 à Paris.

Ailleurs en Asie, le Bangladesh est touché par le même phénomène. En septembre 2015, une série d'attaques perpétrées non loin de la capitale Dacca contre les étrangers occidentaux et les musulmans chiites a été revendiquée par l'EI.

90.

Quelle est l'approche du président Obama face à l'EI ?

Le président Obama a été élu sur une promesse de désengagement militaire du monde musulman. C'est pourquoi il a mis fin officiellement, dès 2009, à la « guerre contre la terreur », puis retiré les troupes américaines d'Irak fin 2011, avant d'engager leur retrait d'Afghanistan en 2014.

Cette politique de désengagement a été maintenue malgré les bouleversements géopolitiques intervenus à la faveur du Printemps arabe en 2011. Le président Obama a refusé toute intervention militaire au sol des troupes américaines que ce soit en Libye (2011) ou en Syrie (2013), malgré la fixation d'une « ligne rouge » que le régime ne devait pas franchir (l'usage des armes chimiques).

Mais cette politique de désengagement ne signifie pas un isolationnisme américain ni une inaction totale face aux divers conflits. Bien au contraire, le président Obama a défini une nouvelle doctrine qui se résume en deux expressions devenues emblématiques de ses deux mandats : *No boots on the ground* (« Pas de troupes au sol ») et *Lead from behind* (« Commander par l'arrière »).

La première signifie que les États-Unis refusent tout engagement militaire de son armée au sol comme cela s'est passé en Afghanistan ou en Irak sous l'administration Bush (2000-2008). Un tel engagement est jugé contre-productif parce qu'il conduit systématiquement à une perception de l'armée américaine comme une force d'occupation et au renforcement des insurrections nationalistes et islamistes contre l'occupant.

Mais cela ne signifie pas que l'Amérique ne peut agir militairement. Bien au contraire, c'est sous l'administration Obama que le chef d'Al-Qaïda (Ben Laden) a été éliminé (le 2 mai 2011) grâce aux forces spéciales, les fameux *Navy Seals*. De même, le recours aux drones pour l'élimination des chefs terroristes a été étendu à un point jamais atteint auparavant.

Le deuxième volet de la doctrine concerne le « commandement par l'arrière ». Cela signifie que les États-Unis ne souhaitent pas se mettre en avant ni apparaître comme le « gendarme du monde ». Le président Obama a préféré systématiquement laisser l'initiative aux alliés de l'Amérique au sein de l'Alliance atlantique. L'objectif est double : contenter certains alliés occidentaux qui se plaignaient jusque-là de l'hégémonie américaine et faire baisser, par la même occasion, le sentiment d'animosité et d'anti-américanisme qui prévalait dans le monde arabe et musulman.

Cette stratégie qui a porté ses fruits aux États-Unis s'est répercutée négativement sur d'autres pays, comme la France, qui ont profité de la « retenue » américaine pour se faire valoir, en Libye (2011) comme au Mali (2013) ou encore en Syrie (2014) et en Irak (2015). Mais ne bénéficiant plus de « paravent » américain, la France s'est retrouvée trop exposée sur la scène géopolitique et est devenue, du coup, la première cible de tous les groupes qui visaient auparavant les États-Unis, à commencer par Al-Qaïda et l'EI.

Pour les États-Unis, cette stratégie s'est traduite par une perception de faiblesse au niveau mondial de la superpuissance américaine, que la Russie s'est empressée d'exploiter pour revenir sur le devant de la scène internationale comme une rivale capable de faire jeu égal avec les Américains. De ce point de vue, la guerre en Syrie, tout comme la lutte contre l'EI, n'est qu'une démonstration de force de part et d'autre dans le grand jeu des puissances internationales et régionales.

Car le président Obama doit ménager la chèvre et le chou dans cette nouvelle guerre moyen-orientale. Ainsi, il voudrait normaliser les relations des États-Unis avec ses ennemis d'hier comme la République islamique d'Iran, mais il doit également tenir compte des considérations de ses alliés stratégiques dans la région, comme l'Arabie saoudite et Israël.

91.

Quels sont les pays visés par les attentats de l'EI ?

A priori, tous les pays qui font partie de la coalition internationale ou qui soutiennent militairement l'intervention militaire sont dans le viseur de l'EI. Cela englobe la quasi-totalité des pays occidentaux, mais aussi la Russie, qui s'est engagée massivement dans le conflit syrien à partir de septembre 2015.

Malgré l'impression que donnent les médias occidentaux, ces pays contrôlent certes le Conseil de sécurité de l'ONU, mais ils ne sont nullement majoritaires dans la population mondiale ni dans l'opinion publique internationale. De nombreux pays et non des moindres ne cautionnent pas la politique interventionniste des Occidentaux dans le monde musulman. Naturellement, ces pays-là ne sont pas visés par l'EI ni ciblés par ses attentats. Il s'agit notamment de la Chine (1,5 milliard d'habitants) et de l'Inde (1,2 milliard) qui demeurent « réservées » concernant les interventions occidentales au Moyen-Orient en général et en Syrie-Irak en particulier au vu des résultats des interventions passées. Elles privilégient une solution politique et diplomatique au conflit et ne croient pas à une solution militaire imposée par l'étranger (l'Occident).

Il y a aussi la quasi-totalité des pays d'Amérique du Sud (un demi-milliard) qui ne font pas partie, non plus, des cibles de l'EI parce qu'ils réprouvent également l'interventionnisme américain et européen dans les pays arabes. Lors du cinquième sommet ASPA (Amérique du Sud-Pays arabes), qui s'est tenu à Riyad fin 2015, la déclaration finale commune a insisté sur la nécessité de trouver une solution politique et non militaire pour épargner les populations civiles.

Il y a enfin les pays arabes et musulmans, qui présentent la spécificité d'avoir des gouvernements favorables à la coalition internationale mais des peuples réfractaires à toute intervention militaire étrangère en terre d'islam. En raison de cette situation, les gouvernements arabes les plus actifs se trouvent sur la sellette et subissent les attentats de l'EI. Les cas emblématiques de cette situation paradoxale sont la Jordanie et l'Arabie saoudite, dont les dirigeants et les forces de sécurité sont particulièrement exposés et systématiquement visés.

Certains autres pays sont considérés comme une cible prioritaire par l'EI pour le symbole qu'ils représentent. C'est le cas de la Tunisie, considérée comme le symbole démocratique de « la laïcité », ainsi que celui de la France, perçue comme le leader du « camp anti-islam » en raison de ses lois et de ses interventions militaires.

92.

Comment l'EI instrumentalise-t-il l'eau dans son combat ?

L'EI a très tôt saisi l'enjeu fondamental de l'eau et l'importance de contrôler ses réserves et ses installations. Outre la nécessité d'assurer un ravitaillement permanent de ses troupes, le projet étatique dont il est porteur ne peut fonctionner sans offrir aux populations le service vital de l'approvisionnement en eau. C'est pourquoi l'organisation a cherché à sécuriser son accès à l'eau dès le début de son offensive, fin 2013. Ainsi, les rivières, les canaux et les usines de traitement de l'eau ont été ciblés prioritairement et pris aux forces régulières des régimes syrien et irakien.

Mieux, la progression des conquêtes territoriales de l'EI suit le cours des deux grands fleuves de la région, le Tigre et l'Euphrate, dont dépendent totalement les populations locales, mais également l'agriculture et l'industrie dans ces régions. Aussi, en 2015, l'organisation contrôlait la plus grande partie des cours supérieurs de ces deux fleuves vitaux. Les villes conquises en premier (Raqqa, Mossoul et Falloujah) représentent toutes des points névralgiques dans les réseaux de distribution d'eau et de production d'électricité en Syrie comme en Irak.

À cet égard, la prise de contrôle des barrages revêt une importance particulière. En avril 2014, l'EI détournait les eaux d'un barrage près de Falloujah pour « noyer » les forces irakiennes amassées aux alentours. Un an plus tard, l'organisation fermait un autre barrage près de Ramadi pour priver d'eau les territoires encore sous contrôle du gouvernement irakien.

Dans ce contexte de guerre, le sort d'un barrage en particulier a retenu l'attention de la communauté internationale. Il s'agit du barrage de Mossoul, passé sous le contrôle de l'organisation en juin 2014 et dont l'état d'entretien était jugé préoccupant. Sa rupture pouvait entraîner l'inondation d'une population estimée à un demi-million de personnes résidant aux alentours. C'est pourquoi, deux mois plus tard, en août 2014, les forces irakiennes et kurdes, appuyées par des frappes américaines, se sont empressées d'en reprendre le contrôle après d'âpres combats. Finalement, l'EI s'est montré assez raisonnable pour ne pas faire sauter le barrage dans sa retraite, jugeant probablement contre-productive sa destruction alors même qu'il contrôlait la ville de Mossoul alimentée en eau par ce même barrage.

En effet, l'organisation est capable de s'emparer d'installations hydrauliques d'envergure, mais elle peine à les faire fonctionner et à les entretenir, souvent par manque de pièces de rechange ou de compétences techniques.

Ainsi, si l'organisation sait user de l'eau comme d'une arme pour menacer ses ennemis ou pour exercer du chantage sur les populations locales, elle a du mal à assurer les services de base dévolus à un véritable État, ce qu'elle voudrait être.

L'EI ET LA FRANCE

93.

Combien y a-t-il de Français au sein de l'EI ?

Le nombre de Français présents au sein de l'EI est variable selon les sources et les perspectives adoptées. Fin 2015, les chiffres publiés par le ministère de l'Intérieur faisaient état de 1 584 « Français impliqués ». Dans le détail, le ministère évaluait à 600 le nombre de ceux « ayant des projets de départ », à 491 le nombre de ceux « présents en Syrie et en Irak », à 287 le nombre de ceux « en route vers la France », à 126 ceux « présumés morts », à 78 ceux « en transit entre la France et la Syrie » et à 2 les « détenus en Syrie ».

Le nombre de ceux « présents en Syrie et en Irak » est relativement stable depuis 2013 et s'établit à 500 individus environ (hommes et femmes), mais aucun organisme officiel n'est capable de dire s'ils sont tous membres de l'EI ou non. On sait seulement qu'une partie d'entre eux navigue entre diverses organisations djihadistes, en particulier entre l'EI et le Front Al-Nosra qui représente la branche locale d'Al-Qaïda au Levant.

La progression la plus importante concerne le nombre de ceux « ayant des projets de départ », sans qu'il soit toutefois certain qu'ils vont aller rejoindre les rangs de l'EI, étant donné le chaos qui règne sur place. De plus, leur arrestation sur la base de leur « intention » (volonté de partir en Syrie) ne règle pas la question de fond, relative aux mobiles et aux motivations de départ.

Les chiffres relatifs à ceux « en route vers la France » (sens du retour) et ceux « en transit vers la Syrie » (sens de l'aller) sont les plus incertains et les plus variables. Ils dépendent notamment des renseignements recueillis grâce au signalement des familles et auprès des pays tiers (Turquie, Jordanie, Grèce, essentiellement).

Comparée aux autres pays européens, la France apparaît comme celle qui fournit le plus de combattants étrangers à l'EI en termes de nombre, mais elle est devancée par la Belgique si l'on considère ce nombre proportionnellement à la population totale. Viennent ensuite la Grande-Bretagne, l'Espagne, l'Allemagne et l'Italie, avec moins de 500 « personnes impliquées » pour chacun.

Comparée aux pays arabes et musulmans, la France se situe loin derrière ces derniers que ce soit en termes de nombre total ou en proportion de sa population. Ainsi, pour ne donner qu'un exemple, la Tunisie fournit plus de 3 000 combattants à l'EI pour une population de 11 millions d'habitants. Tous les pays du Maghreb fournissent plus de combattants que la France pour une population bien moins nombreuse.

94.

Que pensent les combattants de l'EI de la nationalité française ?

Les combattants français de l'EI se moquent totalement de la nationalité française, et la première chose qu'ils font d'ailleurs en arrivant en Syrie ou en Irak consiste à brûler leur passeport et leurs papiers français. Toute nouvelle loi sur la déchéance de la nationalité ne les vise donc pas et n'aura aucun effet sur eux.

En revanche, elle risque de stigmatiser et de radicaliser un certain nombre de binationaux qui se sentiraient dans l'insécurité juridique et voudraient prendre les devants pour ne pas risquer d'être déchus de leur nationalité. La proposition de loi, même si elle paraît logique aux yeux du législateur, risque d'être doublement contre-productive et ne protégera pas davantage les citoyens français.

En effet, les islamistes radicaux en général et les membres de l'EI en particulier ne reconnaissent ni l'État-nation ni l'appartenance nationale. Ils se revendiquent exclusivement d'une identité religieuse rattachée, pour le moment, au Califat proclamé par l'EI. Pour eux, les frontières étatiques et les identités nationales sont une création des nationalismes européens et ne servent qu'à diviser les musulmans pour mieux les dominer. En conséquence, ils ne reconnaissent qu'un seul territoire, la « Maison de l'Islam » *(Dâr al-islam)* et contestent vigoureusement les frontières des pays arabes nés de l'accords Sykes-Picot (1916) et confirmés par le traité de Sèvres (1920).

Ce rejet des identités nationales est le résultat d'un endoctrinement et d'une propagande massive menée par l'EI en faveur des identités religieuses. Ainsi, le rejet de la nationalité d'origine fait partie des prérequis pour intégrer les rangs de l'EI. Il est donc symbolisé, à l'arrivée en Syrie et en Irak, par le fait de brûler les pièces d'identité du pays d'origine et par l'adoption d'une nouvelle identité islamique symbolisée par le choix d'un nom de guerre.

95.

Pourquoi l'EI séduit-il les jeunes Français ?

Il existe de nombreuses études sur les motivations des jeunes Français qui veulent rejoindre les rangs de l'EI. La première d'entre elles tient à la mauvaise information de ces jeunes qui acquièrent, *via* la propagande de l'organisation sur Internet, une image totalement faussée et contraire à la réalité sur le terrain. En effet, ils ont l'impression qu'il s'agit d'un véritable « État » où tout fonctionne normalement. Or, une fois sur place, ils se rendent compte qu'il s'agit d'un territoire en état de guerre permanent, qui n'offre aucune des garanties attendues d'un État : sécurité, protection, eau, électricité, etc.

D'un point de vue psychologique, on distingue deux grands types de motivations chez ces jeunes. D'une part, les motivations pour des raisons individuelles comme le sentiment d'injustice, de marginalisation, de persécution ou simplement d'oppression dans le milieu d'origine, qui pousse au départ en Syrie-Irak à la recherche d'un meilleur environnement pour l'accomplissement personnel. D'autre part, les motivations pour des raisons collectives comme la volonté de porter secours aux enfants martyrisés, d'aider les populations civiles ou encore de défendre les musulmans bombardés.

Se mêlent ainsi les motivations idéologiques et humanitaires dans une démarche qui associe souvent la révolte personnelle de l'adolescence à la quête de sens et à l'esprit révolutionnaire. Ce qui est certain, c'est que la politisation est au cœur du processus de radicalisation qui mène de la dérive sectaire à l'engagement dans l'action violente.

Mais parfois, les motivations exprimées sont d'une banalité déconcertante : « voir comment ça se passe là-bas », « marre de la banlieue », « envie de se marier », « rejoindre les copain(e)s », etc. C'est ainsi qu'on a vu se développer une sorte de « djihad en famille » où des fratries entières partaient ensemble ou l'un après l'autre pour combattre en Syrie et en Irak.

Tout cela montre, en définitive, que l'EI prospère sur le « vide existentiel » de la jeunesse occidentale et se nourrit des problèmes socio-économiques d'une partie de cette jeunesse sacrifiée sur l'autel de la crise et du chômage.

96.

Quelles sont les villes françaises les plus touchées par la radicalisation ?

Il faut d'abord préciser que la radicalisation est différente du terrorisme : la radicalisation se situe en amont, le terrorisme en aval, c'est-à-dire que l'une peut mener à l'autre mais pas nécessairement.

De plus, si le phénomène de la radicalisation est connu depuis longtemps, sa quantification est beaucoup plus récente. Aujourd'hui encore, on hésite parfois sur certains cas, car nous vivons dans un État de droit qui ne peut jeter en prison des personnes sur la foi de simples soupçons. Mais l'opinion publique n'accepte plus que des individus suspects soient laissés libres et réclame des comptes aux responsables politiques et sécuritaires.

Il n'en reste pas moins que les outils de mesure de la radicalisation existent et permettent de se faire une idée de l'ampleur et de la localisation du phénomène en France et ailleurs. En effet, en croisant les données disponibles sur les activités électroniques, celles du ministère de l'Intérieur sur les arrestations en relation avec le terrorisme et celles de la justice en lien avec l'incitation à la haine, il est possible de déterminer les lieux les plus touchés par la radicalisation et les foyers les plus importants de recrutement djihadiste.

Ainsi, fin 2015, les villes françaises les plus touchées par le phénomène sont dans l'ordre décroissant : Paris, Lille, Strasbourg, Toulouse, Marseille. Si la région parisienne reste largement en tête en raison de son poids démographique et de l'importante communauté immigrée qu'elle abrite, la radicalisation ne concerne pas tous les territoires ni tous les quartiers. Comme ailleurs en France, elle touche prioritairement ce qui est communément appelé « les banlieues » c'est-à-dire les quartiers où se concentre l'immigration musulmane, qu'elle soit issue des pays du Maghreb ou d'Afrique subsaharienne.

Même dans ces quartiers déshérités, le phénomène touche prioritairement les jeunes acculturés et les convertis. La proportion de ces derniers est de 40 %, ce qui est considérable au regard de la proportion d'habitants d'origine non musulmane dans ces quartiers. Ainsi, il semblerait que le communautarisme soit un facteur aggravant de la radicalisation en l'absence de leaders susceptibles d'encadrer et de contrôler les membres de la communauté, comme dans d'autres pays multiculturels nordiques ou anglo-saxons.

97.

Pourquoi la France a-t-elle été visée par les attentats en 2015 ?

Les attentats du 13 novembre 2015 se situent dans le prolongement de ceux du 7 janvier 2015. En effet, à l'époque, l'EI avait prévenu qu'il frapperait de nouveau si la France ne cessait pas ses bombardements en Syrie. Cette menace a été mise à exécution pour se « venger » des frappes françaises qui, loin de s'arrêter, se sont au contraire intensifiées dans l'intervalle. Tous les témoignages recueillis auprès des survivants, ainsi que les communiqués de revendication, insistent sur ce motif précis : les bombardements français en Syrie-Irak.

Plus largement, les sympathisants de l'EI dénoncent les nombreuses interventions militaires françaises dans les pays musulmans depuis quelques années : en Libye (2011), au Mali (2013), en Syrie (2014) et en Irak (2015), sans parler des autres pays d'Afrique de l'Ouest, à majorité musulmane, où sont stationnés d'importants contingents français. Car depuis le Printemps arabe (2011), la France n'a jamais été aussi interventionniste ni aussi active militairement sur le front arabe et musulman.

Cet activisme diplomatique et militaire intervient dans un contexte difficile à l'intérieur et à l'extérieur. En politique intérieure, la pression exercée par l'extrême droite a poussé les partis traditionnels à « muscler » leur discours à l'égard des communautés immigrées et à mettre en avant des thématiques identitaires controversées et génératrices de crispations ou de confrontations, comme cela s'est passé en Corse en décembre 2015.

En politique étrangère, la situation est encore plus complexe et plus sensible. Le retrait américain d'Irak et la politique non interventionniste de l'administration Obama depuis son arrivée au pouvoir (2008) ont braqué les projecteurs sur la France et fait d'elle le leader trop visible des puissances occidentales, d'abord dans la lutte contre le terrorisme puis dans les interventions militaires en terre d'islam.

Enfin, la médiatisation à outrance et l'instrumentalisation politique des actions françaises contre les groupes islamistes et les organisations terroristes ont fini par ancrer, dans la perception des ennemis de la République, que la France était « l'ennemi de l'islam » et fait d'elle une cible prioritaire. Désormais, la France est plus menacée que jamais, tout en étant démunie face à un phénomène mondial qui n'a rien de spécifiquement français.

98.

Quelle a été la réaction française face aux attentats de novembre 2015 ?

Après les attentats de janvier 2015, beaucoup de personnes « ne se sentaient pas Charlie » tandis que les hommes politiques affichaient une union sacrée. C'est l'inverse qui s'est passé après les attentats de novembre 2015 : alors que la population française a été unanimement contre les attentats, les réactions politiques ont été variables et parfois virulentes. Plusieurs responsables ont ouvertement critiqué le gouvernement pour son inaction depuis les attentats précédents. Beaucoup d'experts ont remis en cause le travail des services de renseignements intérieurs (DGSI) et extérieurs (DGSE) pour avoir été incapables de détecter les terroristes avant leur arrivée ni pendant leur séjour sur le territoire national. Enfin, certains intellectuels – et non des moindres – ont remis en cause la « politique islamophobe et interventionniste » de la France dans les pays musulmans.

De son côté, la presse française, évacuant les questions politiques et géopolitiques, a procédé à un traitement émotionnel des attentats en insistant sur les victimes et en ignorant les causes et les motivations des attentats.

Du côté des élus, le Congrès réuni à Versailles a voté à l'unanimité « l'état d'urgence », la poursuite de la « guerre contre le terrorisme » et même l'intensification des frappes aériennes avec l'envoi du porte-avions *Charles-de-Gaulle*. Comme les Américains après les attentats de 2001, les Français ont sur-réagi et reproduit les mêmes erreurs : rhétorique de guerre, médiatisation des actions militaires, logique de représailles, démonstration de force, lois liberticides, etc.

99.

Comment l'EI a-t-il parlé des attentats dans sa propagande ?

Du point de vue de l'EI, les attentats de Paris ne sont que justice rendue. Invoquant la loi du talion dans son communiqué de revendication, l'organisation estime que les bombardements incessants de la France en Syrie-Irak méritaient une réponse équivalente pour que les Français sachent ce qu'est la guerre et la ressentent dans leur chair. Pour l'organisation, le fait qu'ils ne manifestent pas contre les décisions de leur gouvernement et de leur président signifie qu'ils les soutiennent dans leur entreprise guerrière et méritent par conséquent d'être punis de la pire manière.

Les propagandistes de l'EI soulignent, à cet égard, que le changement de « stratégie de frappe terroriste » entre les attentats de janvier et ceux de novembre est la conséquence directe de l'aveuglement des responsables politiques français et de l'absence de réaction à cet entêtement de la part du peuple français qui n'a exprimé à aucun moment son opposition à la guerre en Syrie, comme il l'avait fait en janvier en soutien à Charlie par exemple. C'est ce qui a motivé, du point de vue de l'EI, le passage du « terrorisme ciblé » (des journalistes, des militaires et des Juifs) au « terrorisme de masse » qui frappe de façon indiscriminé tous les citoyens. En somme, pour l'organisation, tous les Français sont coupables car aucun citoyen ne se sent responsable de ce que fait son gouvernement en Syrie et en Irak.

Pis, selon l'EI, beaucoup de Syriens, notamment parmi ceux qui ont fui leur pays pour se réfugier en Europe, jugent les Occidentaux en général et les Français en particulier coupables car responsables du désastre en Syrie : en bombardant tous les jours, la France ne fait que détruire le pays et pousser à l'exil les populations civiles. L'organisation n'aurait pas besoin d'insister pour trouver, parmi ces réfugiés, des candidats au « martyre » (kamikazes) prêts à se venger des bombardements subis dans leur pays d'origine.

Enfin, en réponse à la presse française qui avait affirmé, après les attentats, que « nous sommes ciblés pour ce que nous sommes », les sympathisants de l'EI sur les réseaux sociaux ont répondu que l'Amérique du Sud (une vingtaine de pays) ou la majorité des pays d'Asie n'étaient pas du tout menacés ni ciblés bien qu'ils soient laïques et aient un style de vie tout à fait occidental, mais tous en revanche sont contre l'impérialisme occidental. Bref, en l'absence d'un changement d'orientation politique, l'EI a promis dans la foulée des attaques de novembre 2015 d'autres attentats encore plus meurtriers[1]. Or, en la matière, le pire n'est jamais exclu.

1. Voir le communiqué de revendication de l'EI sur : http://www.wikistrike.com/2015/11/l-etat-islamique-revendique-les-attentats-de-paris-dans-une-video.html

100.

Quelles ont été les réactions des instances de la communauté musulmane ?

Après les attentats de janvier comme après ceux de novembre 2015, les instances de la communauté musulmane ont dû faire face à une vague d'expressions racistes et d'actes islamophobes, allant des mises en cause publiques jusqu'aux dégradations des lieux de culte, en passant par les agressions verbales et physiques, voire les expéditions punitives comme cela s'est passé en Corse, en décembre 2015. Entre les deux vagues d'attentats, les actes islamophobes ont augmenté de 23 %, faisant régner un climat de suspicion et de peur dans la communauté musulmane[1].

C'est que dans la perception collective française, l'amalgame entre « musulmans » et « islamistes » est établi, de même que la confusion entre « islamiste » et « terroriste ». Le fait que le débat politique et médiatique s'oriente vers la nécessaire réforme de l'islam comme

1. Voir le rapport 2015 du CCIF (Comité contre l'islamophobie en France) : http://www.islamophobie.net/sites/default/files/Rapport-CCIF-2015.pdf

préalable à l'éradication du terrorisme a mis tout le monde dans le même sac et aggravé l'amalgame.

Même si tous les responsables du culte musulman et tous les responsables communautaires ont condamné les attentats, sans détour et sans réserve, beaucoup se sont sentis obligés de s'expliquer et de se justifier, comme s'ils étaient liés aux terroristes ou responsables de la radicalisation qui parcourt l'ensemble du monde arabe.

Dans la confusion et sous l'effet de l'émotion, certains commentateurs et politiciens incitaient les responsables communautaires à s'exprimer en tant que « musulmans », tout en leur reprochant leur affirmation identitaire religieuse. Au nom de la laïcité, ils devaient être « des citoyens comme les autres », mais en raison de leurs origines ou de leur culture, ils devaient s'exprimer en tant que « musulmans de France ».

Face à ce paradoxe, les instances de la communauté musulmane n'ont cessé de condamner *orbi et urbi*, faisant preuve de sang-froid et de pédagogie, pour se démarquer des terroristes auxquels on les associait implicitement, sinon culturellement. Nombre d'imams se sont retrouvés sur la sellette et sont devenus des figures publiques et médiatiques, vilipendés par les uns (les plus extrémistes), encensés par les autres (les plus laïques).

Dans les semaines qui ont suivi les attentats, plusieurs mosquées ont été fermées sur ordre du ministère de l'Intérieur[1] et plusieurs imams, arrêtés et expulsés.

1. Des mosquées ont été fermées à Vénissieux, Gennevilliers, Lagny-sur-Marne, Nice, Beausoleil, Drap, Tourrette-Levens, Cannet…

Là encore, les instances de la communauté musulmane ont dû applaudir aux décisions gouvernementales et se couper davantage de leur base dans les cités et les banlieues. Car les attentats de novembre 2015 ont surtout révélé la rupture profonde qui existe entre les instances de « l'islam de France » et les fidèles sur le terrain. Le CFCM (Conseil français du culte musulman) est apparu comme un interlocuteur du pouvoir sans véritable légitimité ni représentativité, totalement dépassé par l'évolution de la société et par les courants radicaux qui traversent la communauté musulmane depuis des années.

Conclusion

L'EI finira par disparaître ou par se transformer parce qu'il est isolé et qu'il a le monde entier contre lui. S'il se dissout, cela profitera certainement à l'organisation concurrente Al-Qaïda qui attend le retour des djihadistes dans son giron. S'il se fragmente, il donnera naissance à une multitude de groupes radicaux encore plus nuisibles. Si ses combattants fuient le foyer syro-irakien, ce sera pour mettre à feu et à sang d'autres régions du monde musulman telles que le Yémen et l'Égypte ou encore la Tunisie et la Libye, où l'EI possède déjà de puissants relais. Dans tous les cas, la menace terroriste n'est pas prête de disparaître en l'absence d'une solution politique durable pour les peuples de la région.

Par ailleurs, les idées et les idéologies ont tendance à survivre à la mort de leurs auteurs. Lorsque Ben Laden avait fait renaître l'idée de djihad à la fin des années 1980, puis lancé son « Front islamique mondial pour le djihad contre les Juifs et les Croisés » en 1998, peu de gens l'ont pris au sérieux, convaincus qu'il s'agissait d'un terroriste de plus dans la longue liste des fanatiques religieux. On connaît la suite des événements, avec les attentats du 11 septembre 2001 comme acte fondateur de cette idéologie mortifère, puis le tournant historique intervenu dans les relations internationales à la suite de cet acte terroriste.

Aujourd'hui, le djihadisme en tant que doctrine et en tant que mode d'action est une réalité indéniable qui continue de séduire des milliers d'individus, à la fois dans les pays musulmans et, même au-delà, dans les démocraties occidentales. La mort de Ben Laden en mai 2011 n'a pas modifié fondamentalement la donne.

À l'instar d'un Ben Laden dans les années 1990, Al-Baghdadi a semé une graine idéologique qui ne manquera pas de germer dans les années à venir, qu'il soit mort ou vif. Cette idée est celle du Califat, qu'il n'invente pas mais qu'il fait renaître de ses cendres. Comme l'idée du djihad a germé dans les esprits pendant des décennies, celle du Califat semble promue à un bel avenir.

Si ce projet suranné séduit désormais bien au-delà de la sphère djihadiste, c'est parce qu'une autre idée a échoué, celle de « l'État-nation », longtemps promue par l'Occident. L'idée d'un « Califat panislamique » semble plus en phase avec l'ère de la mondialisation, de l'ouverture des frontières nationales et de l'affirmation des grands ensembles politico-culturels. Cette idée-là sera difficile à déraciner en l'absence d'une alternative idéologique et d'un projet politique crédible. À l'heure où les Occidentaux célèbrent le centenaire de l'accord Sykes-Picot (1916), qui avait redessiné les frontières du Moyen-Orient, il est temps de penser à des solutions diplomatiques qui permettent d'aller au-delà des symptômes pour traiter les causes profondes des conflits.

Glossaire

'Âmil : percepteur des impôts au sein de chaque « province » de l'EI, fermier général.

Al-Fourat : nom de la province créée par l'EI à cheval sur la Syrie et l'Irak.

Al-Karr wa al-Farr : le flux et le reflux, tactique guerrière tribale consistant à simuler une fuite (*fight or flight* en anglais).

Al-Qaïda : organisation terroriste créée par Abdullah Azzam et Oussama Ben Laden.

Ansar al-charia : Défenseurs de la charia, groupe visant une application stricte et immédiate de la charia (loi islamique).

AQMI : Al-Qaïda au Maghreb islamique (Afrique du Nord et Sahel).

AQSI : Al-Qaïda dans le sous-continent indien (Bangladesh, Pakistan…).

Assassins : nom donné en français à la secte médiévale des Haschischins (ceux qui consomment le haschisch).

Baath : parfois orthographié Baas, parti politique qui a accaparé le pouvoir en Irak de 1970 à 2003 (sous Saddam Hussein) et en Syrie de 1971 à 2000 (sous Hafez al-Assad).

Baathisme : issu du mot *baath* (Résurrection), idéologie nationaliste arabe, dominante en Irak jusqu'en 2003.

Bay'a : serment d'allégeance.

Bayt al-mâl : Trésor public, administration générale chargée des « rentrées » et des « sorties » fiscales.

Boko Haram : groupe terroriste, filiale de l'EI au Nigeria.

Cadi : juge islamique.

Califatisme : courant islamiste radical favorable à un retour au « Califat islamique ».

Calife Ibrahim : désigne depuis juin 2014 Abou Bakr al-Baghdadi, chef de l'EI.

Calife : successeur (du Prophète).

CFCM : Conseil français du culte musulman, créé en 2003 sous l'impulsion de Nicolas Sarkozy, pour représenter les musulmans de France.

Charia : loi islamique.

Chiisme : branche de l'islam fortement représentée en Iran.

Copycat : phénomène de mimétisme terroriste consistant à reproduire les actions vues sur Internet.

Courant qutbiste : du nom de Sayyid Qotb (1906-1966), l'un des théoriciens de l'islam politique.

Dabiq : principal magazine de l'EI, diffusé en ligne et en anglais.

Daech/Daesh : acronyme arabe signifiant « État islamique en Irak et au Levant ».

Dâr al-Islam : Maison de l'Islam, expression désignant les territoires sous domination musulmane. Désigne également la version française du magazine de propagande de l'EI.

Débaathisation : politique visant à expurger l'armée irakienne des éléments favorables à l'ancien régime de Saddam Hussein.

Dhimma : protection, régime discriminatoire applicable aux « gens du Livre » (Juifs et chrétiens).

Dîwân al-harb : ministère de la Guerre, chargé des dépenses relatives aux troupes et au matériel militaire.

Diwân al-nafaqât : ministère du Budget, chargé des dépenses courantes au sein de l'EI.

Dîwân al-rakâ'iz : ministère de l'Énergie, chargé de la gestion du pétrole et du gaz.

Diyya : dettes de sang, payable à la famille du tué en cas d'homicide involontaire.

Fatwa : avis juridique.

Fiqh al-harb : droit de la guerre en islam.

Fitna : sédition, division au sein de la communauté musulmane *(oumma)*.

Front Al-Nosra : groupe armé salafiste, filiale d'Al-Qaïda en Syrie.

Ghanîma : butin, mot désignant le produit du pillage.

Hadith : tradition orale du Prophète.

Hezbollah : groupe armé chiite libanais soutenu par l'Iran.

Hijra : émigration vers les territoires de l'islam.

Houris : vierges, promises aux musulmans dans le paradis.

Houthi : minorité chiite présente au Yémen.

Imam : guide spirituel, guide de prière.

Imamat : guidance, pouvoir spirituel.

Islamique : relatif à l'islam en tant que religion.

Islamiste : personne musulmane qui n'admet pas la séparation du religieux et du politique.

Jawâri : esclave sexuelle, « odalisque ».

Jihad al-nikah : djihad du sexe, réconfort des combattants de l'EI.

Jihâd : guerre sainte, lutte armée pour l'islam.

Jizya : impôt de capitation, applicable aux non-musulmans.
Kharâj : impôts fonciers sur les terres.
Khums : taxe de 20 % applicable au « butin ».
Kuffâr : mécréant, hérétique, puni de mort.
Kunya : nom d'usage, généralement composée du préfixe « Abou » (père de), suivi du nom du fils aîné (Abou Omar).
Madrassa : école coranique.
Moudjahid : combattant de la foi.
Moudjahida : femme combattante.
Mufti : autorité religieuse, responsable des fatwas.
Muhâjiroun : émigrés vers les territoires contrôlés par l'EI.
Musulman : personne qui croit en l'islam mais qui ne pratique pas nécessairement.
Nasab : nom de famille, formé à partir de « Ben » ou « Ibn » (Ben Laden).
Nisba : nom d'origine, formé de l'article [al-], indique le pays d'origine : Al-Sûri (le Syrien).
Ouléma : savant en religion, érudit.
Oumma : communauté musulmane.
Panislamisme : mouvement politico-religieux militant pour l'unification des musulmanes.
Province du Caucase : branche locale de l'EI, héritière de l'émirat du Caucase, créé en 2007 par Dokou Oumarov.
Rafidas : négateurs, nom péjoratif donné par l'EI aux musulmans chiites.
Salafisme : la voie des « anciens » *(salafs)*, version fondamentaliste de l'islam répandue dans les pays du Golfe.
Soldats du Califat : nom pris par les combattants de l'EI à partir de juin 2014.
Sunnisme : branche majoritaire de l'islam dans le monde.

Takfir : anathémisation, accusation de mécréance lancée contre un musulman.

Taliban : étudiant en religion, mouvement fondamentaliste en Afghanistan et au Pakistan.

Ushr : taxe de 10 % applicable à divers produits.

Vizir : ministre, littéralement « celui qui porte le fardeau ».

Wahhabisme : version rigoriste de l'islam sunnite représentée essentiellement en Arabie saoudite.

Waliyy : tuteur de la femme, rôle tenu par n'importe quel homme musulman majeur.

Wilâya : gouvernorat, province (du Califat).

Wilâyat Sînâi' : province du Sinaï, nom officielle de la branche de l'EI en Égypte.

Zakât : aumône légale.

Zawâj al-misyâr : mariage temporaire conclu par les combattants de l'EI.

Zinâ : fornication, adultère, strictement interdits par l'EI et punis de flagellation ou de lapidation si la femme est mariée.

Table des cartes

Table des matières

Du même auteur

Ouvrages

Le Retour du Califat, Paris, Éditions Gallimard, collection « Le Débat », 2016.

Terreur : la nouvelle ère, Paris, Éditions Autrement, 2015.

État du monde arabe, Bruxelles, Éditions De Boeck, 2015.

Atlas des pays arabes, Paris, Éditions Autrement, 2012, 2013, 2015.

Les Règles juridiques de l'Islam sunnite, Paris, Éditions L'Harmattan, collection « Études arabes », 2014.

Sexe et Charia, Paris, Éditions du Rocher, 2014.

Les Cocus de la révolution, Paris, Éditions Autrement, 2013.

Historical Dictionary of Islamic Fundamentalism, NY, Scarecrow Press, 2012.

Le Printemps islamiste : démocratie et charia, Paris, Éditions Ellipses, 2012.

Le Choc des révolutions arabes, Paris, Éditions Autrement, 2011.

Les Nouveaux Terroristes, Paris, Éditions Autrement, 2010.

Al-Qaïda à la conquête du Maghreb, Paris, Éditions du Rocher, 2007.

Le Manuel de recrutement d'Al-Qaïda, Paris, Éditions du Seuil, 2007.

Les « Martyrs » d'Al-Qaïda, Paris, Éditions du Temps, 2006.

Articles

« La déradicalisation : conceptions et mises en œuvre », INHSJ, Paris, *Cahiers de la sécurité et de la justice*, n° 30, 2015, p. 71-83.

« Les territoires du Califat en Afrique », in *Territoires d'Afrique,* n° 7, 2015.
« Le retour du Califat », in *Le Débat*, n° 182, 2014/5, novembre-décembre, Paris, Gallimard, p. 78-96.
« L'étrange charia de l'État islamique », in *Le Courrier du Maghreb et de l'Orient*, n° 7, novembre 2014.
« The Timbuktu Letters: New Insights about AQIM », in *Res Militaris*, vol. 4, n° 1, Winter-Spring / Hiver-Printemps 2014.
« Histoire immédiate d'AQMI avant et après l'intervention française au Mali », Cahier d'histoire immédiate, n° 45, 2014, p. 37-64.
« L'islamisme radical dans les relations internationales (1991-2011) », in *Cahier d'histoire immédiate : Comprendre le vingt-et-unième siècle. Aspects internationaux*, Toulouse, 2013, p. 34-48.
« Histoire immédiate du Printemps arabe », in *Le Débat*, n° 168, Paris, Gallimard, janvier-février 2012, p. 128-145.
« Nouvelle géopolitique de l'islamisme », in *Moyen-Orient*, n° 15, Paris, Areion, septembre 2012, p. 50-55.
« Considérations sur la "Bataille de Toulouse" », in *Sécurité globale*, n° 20, Paris, Éditions Choiseul, juin 2012, p. 29-42.
« L'action psychologique entre le texte coranique et la propagande islamiste », in *Synoptikos*, Toulouse, 2011, p. 447-465.
« La tentation internationale d'Al-Qaïda », in *Focus stratégique*, n° 12, Paris, IFRI, déc. 2008.
« La clef irakienne », in *Politique internationale*, n° 117, 2007, p. 353-370.
« L'Irak ou la terre promise des djihadistes », in *Critique internationale*, n° 34, 2007, p. 45-60.
« La toile islamiste dans tous ses états », in la revue *Maghreb-Machrek*, n° 188, 2006, p. 45-62.
« Al-Qaeda's Noms de Guerre », in *Defense Concepts*, vol. 1, Édition 3, Fall 2006, p. 6-16.

Réalisation : Nord Compo à Villeneuve-d'Ascq
Dépôt légal : mars 2016
ISBN : 979-10-210-1922-5
Numéro d'édition : 3860
Imprimé en Italie